KB211711

하녀

KOFA 영화비평총서는 한국영화사의 대표작 한 편을
아카이브와 역사라는 관점하에
비평적 해석으로 펼쳐 보는 시리즈이다.
영화비평가와 영화사 연구자가 필진으로 참가할 각 권은
비평과 역사를 동시에 주목하는 스펙트럼 속에서
영화에 관한 다채로운 논의를 제공한다.

일러두기

- 이 책의 기획과 구성, 책임편집은 한국영상자료원 학예연구팀장 정종화와 연구원 이수연이 맡았다.
- 한국영상자료원에서 기증과 수집을 통해 보유하고 있는 사진은 별도의 출처를 표기하지 않았으며, 그 외에는 사진 설명에 출처를 표시하였다.
- 영화의 작품명과 연도는 한국영상자료원 한국영화데이터베이스(KMDb)를 따랐다. 감독명과 개봉 연도는 각 장마다 해당 영화가 맨 처음, 주요하게 언급될 때 (감독명, 제작 연도) 형태로 병기했다. 감독명, 제작 연도, 배우 이름 등 영화 관련 정보는 ( ) 안에 표기하되, 본문 괄호와 구분되도록 별색으로 표기하였다.
- 맞춤법과 띄어쓰기는 국립국어원의 《표준국어대사전》을 따랐다. 논문 및 영화 등의 작품명은 〈 〉, 문헌이나 저서명·정기간행물(학회지 포함)·신문명은 《 》, 직접인용은 " ", 강조 및 간접인용은 ' '로 표기했다.
- 인명이나 지명은 국립국어원의 외래어 표기용례를 따랐다. 단, 널리 알려진 이름이나 표기가 굳어진 명칭은 그대로 사용했다.

하녀

THE HOUSEMAID

하녀 따위에 흥미를 가져요?

김이듬 지음

KOFA 영화비평총서 3

애피

기관 50주년을 맞은 한국영상자료원Korean Film Archive이 새로
운 시리즈 'KOFA 영화비평총서'로 독자 여러분과 만납니다.

한국영화사 100년의 도도한 흐름을 통틀어 사회문화사적 의
미에서 주목할 만한 한국영화를 선별하였습니다. 그중에서도
필름 아카이브가 보존 중인 자료들을 통해 더 풍부하게 이야기
될 수 있는 영화들을 골라, 각 영화마다 가장 전문가라 할 필자
들이 집필을 맡았습니다. 한국영화 비평을 담은 시리즈는 이전
에도 있었지만, 이번 총서는 'KOFA'만의 강점과 특징을 담았
다고 자부합니다.

바로 영화사적 관점과 맞물린 독창적인 해석입니다. 아카이브
의 역사적 지평에서 주목한 영화를 가지고서, 영화비평가와

영화사 연구자들이 각자의 고유한 시각과 관점으로 하나의 이야기를 완성했습니다. 독자 여러분과 더 깊게, 더 친밀하게 소통하고 싶은 마음입니다. 아무쪼록 한국영상자료원의 기획과 필자들의 노고가 독자 여러분에게 의미 있는 이야기로 전달되기를 희망합니다.

2024년 12월

한국영상자료원 원장 김홍준
학예연구팀장 정종화

차례

김기영과 나

내가 김기영에게 어느 정도 사로잡힌haunted 채로 보낸 시간은 결코 적지 않다. 사로잡힌 사람에 내려진 축복—어쩌면 저주—일까? 김기영으로 향하는 여정은 다복했다. 2018년 겨울 한국영상자료원의 '시네아스트 김기영 20주기 기념전: 하녀의 계단을 오르다' 기획 전시에서 쇼케이스 아래 보관된 김기영 육필 자료를 보며 흘렸던 군침을 닦던 손으로, 2022년에는 그 자료들을 직접 넘겨 가며 '김기영 문헌자료' 전체를 열람하고 연구·조사할 수 있었으니까. 그 시간 동안 나는 김기영을 통해서, 혹은 통했지만 결과적으로 무관하게, 매체를 통해서만 접할 수 있었던 이름들과 가까워지기도 했다. 대구에서 홀로 영화(사)를 봤던 나에게는 그 자체로 짜릿한 경험이었다. 젊은 영화학도 더들리 앤드류가 앙드레 바쟁의 삶을 추적하며 과거 영화계의 거인을 만나며 느꼈던 감정과 비견할 수 있을까?

돌아보면 이러한 여정에는 다소간 성장소설Bildungsroman 같은 면이 있다. 아이러니한 일이다. 성장소설의 핵심이 도덕적 성장이라면 그딴 건 결코 믿을 만한 게 못 된다는 걸 알려준 게 김기영이니까. 픕! 성장이라니. 코웃음을 칠 테다.

이 책과 지금의 나는 여러 사람의 도움으로 만들어진 것이다. 당연한 말이지만 가장 핵심적인 사람은 〈하녀〉의 감독인 김기영 감독이다. 그러니 김기영 감독님께 빌어먹게 감사하다는 말을 드리고 싶다. "빌어먹게라고?" 불손한 말본새를 지적하는 독자의 목소리가 들리는 것 같다. 그러나 잠깐, 나는 이런 방식이 김기영 감독에 대한 최대의 존중이라고 생각한다.

"존 포드가 한국에 왔을 때 감독협회 주최의 파티가 K호텔에서 열렸다. 여기에 나온 김기영 감독의 괴상한 패션이 인상에 남는다. 부상한 팔을 붕대로 목에 걸고, 아무렇게나 자란 두발, 와이샤쓰 바람에 고무신을 끌고 나타났다. 존 포드 하면 그 역시 한쪽 눈에 검은 안대를 했지만. 김기영을 보고서는 약간 심리적인 균형을 잃었을 것이다."[1]

영화평론가 이영일은 국제호텔에서 열린 존 포드 환영연에 나타난 김기영의 모습을 위와 같이 묘사했다. 묘사에서 볼 수 있듯, 김기영은 점잖은 사람과는 거리가 멀었다. 그는 문화가 강제하는 방식에 따르지 않는 또라이였고, 연회의 분위기를 깨는 더러운 쥐였다. 그러므로 불손한 말본새 없이 어떻게 김기영에게 감사를 표하겠는가. 김기영이 마치 위인인 양 공손한 감사를 표하는 것이 오히려 그를 암살하는 것에 다름없을 터이다. 여하간 나는 이렇게, 김기영이 나에게 준 대로 이 책을 썼다.

* * *

이 책을 쓰는 데 여러 사람의 도움이 있었다. 강덕구 님은 이 책에 수록된 〈어느 부전자의 초상〉을 그의 플랫폼 《콜리그》에 실어 주고 지지해 주었다. 신은실 님은 웹에 게재된 〈어느 부전자의 초상〉의 오류를 지적해 주고 지지해 주었다. 필요한 자료를 불손한 방식으로 제공해 주었던 한민수 님께도 정말 감사하다. 넓은 의미의 동료로 내 작업을 일관되게 지지해 준 김주리, 나원영, 류승원, 조일남, 문윤기, 박동수, 박진용, 배은열, 오혁진, 윤아랑, 이보라 그리고 오오극장 구성원분들에게 고맙다.
　참고할 만한 책을 여럿 소개해 준 임재철 선생님께도 감사를 전한다. 미완의 원고를 꼼꼼히 읽고 원고보다 더 크고 값진 감상평을 보내 준 권구윤 님께도 경의를 표한다. 원고를 쓰는 전 과정을 따뜻하게 격려해 주고 피드백을 전해 준 라진에게는 특별한 마음을 전하고 싶다.

항상 힘이 되는 가족에게도 고맙다. 특히 처음으로 영화관을 데려다준 나의 영화친구이자 엄마 이정순에게, 진심 어린 마음을 담아 감사의 뜻을 전한다.

1장
김기영과 그의 시대

1961년 박정희 의장 현해탄의 영화배우 재일교포 접견 담화, 공보처 홍보국 사진 담당관 촬영.

국가기록원 웹 서핑을 하다 흥미로운 사진을 한 장 발견했다. 1961년 9월 1일 당시 국가재건최고회의 의장 박정희가 〈현해탄은 알고 있다〉(김기영, 1961) 출연을 위해 한국에 온 재일교포 배우 공미도리를 접견한 사진이다. 공보처 홍보국이 사진에 붙인 제목은 '박정희 의장 현해탄의 영화배우 재일교포 접견 담화'. 이 접견에는 공미도리의 모친 배연경 그리고 〈현해탄은 알고 있다〉를 연출한 이 책의 주연 김기영이 동석했다.

사진을 발견한 이래 종종 촬영일의 상세한 기록이 있는지 찾아보곤 했지만 아쉽게도 어떤 기록도 찾지 못했다. 국가재건최고회의 《일지》에 접견이 이뤄진 다음 날인 9월 2일 "한일 문제에 대한 Briefing, 의장실에서 개최"가 중요 업무로 기재되어 있으니,[2] 공미도리가 한국의 한 영화잡지와의 인터뷰에서 했던 "무엇보다 이 영화(〈현해탄은 알고 있다〉—인용자)에선 한국과 일본 사이에 있는 민족적인 감정을 초월해서 인간관계가 이루어진다는 게 좋았고"[3]와 같은 박정희가 정권 초기부터 염두에 둔 한일 국교 정상화를 위한 형식적인 말들이 오갔으리라는 추정 정도만 할 수 있다.

행정적 측면에서 이 사진의 주인공은 공미도리와 박정희다. 그렇지만 비평이 작품의 불완전성을 이용해 그 주위로 실제와 먼 추가 공간을 여는 것이라면,[4] 이 사진에 잠재된 다른 서사를 상상하는 것도 가능하다. 인물의 배치(테이블을 가운데 두고 박정희와 김기영이 마주 앉아 있다)와 시선의 방향(모든 사람이 박정희를 보고 있고, 박정희는 김기영을 보고 있다)을 보면 이 사진의 주인공은 박정희와 김기영 같다. 그렇다면 한 익명의 공보처 홍보국 사진가는 실로 한국, 정확히는 남한의 결정적 순간 중 하나를 잡아낸 것이다.

박정희는 "퇴영과 조잡, 무기력과 나태의 역사"를 극복하자며 개인-소아(小我)를 버리고 국가를 비롯한 집단-대아(大我)에 헌신해야 한다고 말했다. 이러한 공동체를 바탕으로 만든 발전국가 체제(1960~1980)의 핵심은 1968년 건설된 정부종합청사가 "완성된 뒤 획득하는 이미지나 의미보다 공사 현장의 이미지로 더 각인"되었듯,[5] 발전 그 자체다. 그는―그 자신의 외상적인 빈곤을 극복하기 위해―의미와 목적에 대한 성찰을 미루고 내실을 고려하지 않은 발전을 주창했다.[6] 김기영은 정반대였다. 영화평론가 허창이 〈고려장〉(김기영, 1963)의 등장인물을 두고 "인간 동물원에 서식하는 그들"이라 칭한 것처럼,[7] 속류 프로이트주의자 김기영은 가장 작은 집단인 가족조차 위태롭게 하는 인간의 억누를 수 없는 동물성에 평생을 천착했다. 사회 개선? 재건? 진보? 잠깐 유보된 개인의 욕망이 지하에 흐르고 때가 되면 그것은 폭발하여 어떤 표어라도 배반할 것이다. 이러한 맥락에서 박정희의 진짜 상극은 김기영일지도 모른다.

상술한 사항의 핵심에는 남성성의 문제가 있다. 박정희는 식민지·개발도상국의 역사로 인해 시무룩해진 남성성masculinity을 강고한 국가라는 초자아로 확대 수술을 하고자 했고, 김기영은—자신의 페르소나들인—부전자(不全者)들을 영화에 출연시키며 그 상황을 조소했다. 어쨌거나, 이 둘은 평생 '남성성'이라는 문제의 주변을 맴돌았다.

1960년 4·19를 전후하여 박정희는 군부 내 개혁 그룹의 리더로 등장했다. 그리고 같은 해 9월 상술한 김기영의 모든 성질을 압축하고 있는 〈하녀〉가 개봉했다. 주지하듯 오늘날까지 박정희의 유령이 한국 사회에 돌고 있다(내가 이 글을 쓰고 있는 대구에서 곧 박정희의 동상이 세워진다고 한다). 그리고 오늘날까지 김기영의 유령도 한국영화를 돌고 있다. 내가 생각하기에, 이것들은 모두 우연이 아니다.

* * *

이 책은 영화감독 김기영이 만든 〈하녀〉를 역사화하고 평론한다. 역사화라 함은 한국영화사에서 지금까지 예외적 존재로 다소간 신화화된 김기영과 〈하녀〉를 구체적인 역사 속에서 형성된 것으로 다루겠다는 뜻이다. 평론이라 함은 영화의 주제theme와 그 주제가 작동하는 방식을 포착하겠다는 뜻이다. 그러므로 이 책의 1부는 사료를 충실하게 정리한 역사서에 가깝고, 2부는 소박한 해설에 가깝다.

　이 구성을 취한 이유는 '김기영과 〈하녀〉'에 대한 논의가 상당히 집적되었음에도 불구하고 기초적인 측면이 의외로 부실했기 때문이다. 가령 지금까지 김기영의 전기를 포함한 단독 저작물인 이효인의 《하녀들 봉기하다》(2004)와 이연호의 《전설의 낙인》(2007)은 직접 사료를 검토한 흔적이 희박하거니와 (두 평자 모두 김기영을 직접 인터뷰했음에도 불구하고) 사실관계의 오류가 종종 있다. 무엇보다 그들의 전기에서는 어찌해도 1960년에 상당한 완성도로 만들어진 〈하녀〉가 돌출적으로 파악될 수밖에 없다. 그러므로 엄밀한 사료에 기반해 '〈하녀〉의 감독 김기영'의 조짐과 역사 속 형성을 추적할 필요가 있다. 물론 이러한 시선은 '〈하녀〉의 감독 김기영'을 '〈하녀〉 이전의 김기영'에게 과도히 투사한다는 혐의를 받을 수 있다. 그렇지만 〈하녀〉가 아니었다면 김기영의 전작(前作)과 그의 삶을 살폈을 것인가? 달리 말하면 〈하녀〉를 염두에 두지 않고 김기영에 대한 역사적 작업이 가능한가? 나는 불가능하다고 생각하며, 무엇보다 그렇게 느낀다.

　〈하녀〉 분석도 아쉬운 것은 매한가지다. 〈하녀〉는 다양한 이론의 각축장이 되어 왔지만 그로 인해 이론에 적합한 작품의 요소들이 재단되어 읽혀 오곤 했다. 물론 이론을 경유하지 않는 보기, 심지어 비평하기란 불가능할지 모르지만, 아주 기초

적인 사항들: 가령 〈하녀〉에서 동식과 하녀가 섹스하기 전 클로즈업숏이 손으로 셀 수 있으며 그것이 손, 계단, 쥐약이라는 등… 의 측면이 이론에 가려져 보이지 않았던 게 아닌가, 하는 의구심을 지우기 어렵다. 이러한 맥락에서 이 책은 이른바 '최소이론화'라 할 만한 입장에서 〈하녀〉를 보고/듣고자 노력했다. 한편 영화에 은은하게 깔려 있지만 명확하게 보이지 않는 부분에 대해서는 프레임 외부의 자료, 이를테면 다른 〈하녀〉 시나리오의 다양한 판본을 참조했다. 가령 〈하녀〉에서 동식이 피아노 교사인 동시에 작곡가라는 점을 알고 있는가? 눈치챘다고 하여도 그 함의까지 알기는 버겁다. 이런 부분은 영화에 삭제된 시나리오의 장면을 통해 해소되지 않는 비밀을 최대한 풀어 보고자 노력했다.

물론 책을 마무리한 이 시점에서도 〈하녀〉를 둘러싼 해소되지 않는 역사적/영화적 비밀이 남아 있다. 김기영은 여전히 예외적인 사람처럼 보이고, 〈하녀〉는 여전히 해명되지 않는 영화처럼 보인다. 이는 이 책의 미진함일 수도 있지만, 한국영화사에서 유례없는 김기영과 〈하녀〉의 생명력은 이처럼 결코 포획되지 않는 신비에서 기인할 것이다.

여하간 앞서 꽤 긴 지면을 할애해서 쓴 박정희와 김기영의 관계는 본문에서 다시 다루지 않도록 하겠다. 그러나 〈하녀〉가 개봉한 이듬해 박정희가 5·16 쿠데타를 일으켰다는 사실을 때

때로 의식하며 읽어 주길 바란다. 그것이 이 책의 통주저음(通奏低音)이다.

2장
〈하녀〉 이전의 김기영

"이것 봐, 김천에서
주인이 하녀를 데리고 살다가
사건이 생겼어."

1957년의 하녀들

신문 기사를 읽으며 영화를 시작하는 동식과 마찬가지로, 〈하녀〉도 "3년 전(1957년—인용자) 신문 사회면에서 얻은 스토오리"에서 시작되었다.[8] 당시 보도에 따르면, 그 "스토오리"는 동식의 대사와 동일하게 "김천에 있었던 실화"로 "한때 3면 기사로서 화제가 된 김천(金泉)의 살인사건"이라고 한다.[9] 그런데 1957년의 신문과 잡지를 한참 뒤져 보아도 김천에서 〈하녀〉 이야기와 유사한 사건은 보이지 않는다.* 미군의 무단 발포로 소년이 숨진 사건이 김천에서 소소하게 화제가 되었지만, 이 사건과 〈하녀〉 사이에 접점은 희박하다. 김천이라는 장소를 제외하면 〈하녀〉의 원안에 대한 구체적인 정보가 없으므로 결국 '김천 살인사건'이라는 사건은 오리무중에 이른다. 어쩌면 김천이라

---

* 박진희는 경북 군위군에서 식모 이순돌이 주인집 자녀 세 명을 연못에 빠뜨린 다음 돌을 던져 못 나오게 하는 방식으로 익사시킨 사건을 〈하녀〉의 주요 아이디어로 참고했을 것이라 추정했다(박진희, 〈리얼리스트로서의 김기영을 생각하다〉, 《하녀의 계단을 오르다: 시네아스트 김기영 20주기 기념전》, 한국영상자료원, 2017, 76쪽). 다만 이 사건은 1956년 군위에서 발생했으므로 ① 김기영이 1960년의 시점에서 말한 '3년 전'-1957년과 ② '김천 살인사건'이라는 장소 둘 중 어디에도 부합하지 않는다. 주인에게 성적으로 유린을 당한 식모가 벌인 사건이란 점에서 김기영이 이 사건을 염두에 뒀으리라고는 충분히 추정할 수 있지만, '이순돌 살인사건'이 〈하녀〉의 '유일한' 참고 아이디어는 아닐 터이다. 이러한 맥락에서 '이순돌 살인사건' 또한 본문에서 후술할 1957년을 전후한 하녀(식모)를 둘러싼 여러 사건들 중의 하나로 김기영에게 영향을 주었을 것이다.

는 장소는 〈하녀〉의 설정과 뒤섞여 생긴 오류일지도 모르겠다.

그렇지만 '3년 전'이라는 정보는 견고하다. 그러므로 아직 〈하녀〉의 원안이 된 사건을 추정해 볼 수는 있다. 〈하녀〉가 시작하기 위한 최소한의 조건은 제목 그대로 하녀다. 하녀라는 인물 없이 〈하녀〉는 결코 성립하지 않는다. 그러므로 1957년에 하녀(당시의 순화어로 '식모')를 둘러싼 사건들이 서로 포개져— 하나의 사건에서 내용의 모티프를 찾았다고 할지라도, 창작의 과정에서 지속적으로 하녀에 관심을 뒀을 터이다—생기는 범위 어딘가에 〈하녀〉의 원안이 있을 것이다.

여인절도피검

식모를 가장한 절도가 횡행하고 있다. … 서울종로경찰서에서는 주소가 일정치 않은 전병선(女)을 절도혐의로 구속문초 중에 있는데 전은 절도전과 1범으로 작년 12월 만기 석방된 다음 곧 … 정송순씨 집에 식모를 가장하고 들어가 그 다음날 아무도 없는 틈을 타서 정씨 부인의 손목시계 하나와 부엌에 있던 은수저 한 벌을 훔쳐가지고 도주한 외에 수삼치에 걸쳐 식모를 가장하여 도둑질을 일삼았다는 것이다.[10]

남자주인학대 젊은 식모 자살

… 작년 4월 경부터 식모살이를 해오던 최정숙 양(22)은 약

3개월 전부터 약방 주인 심시훈 씨(36)로부터 심한 구타를 당하여 비관 끝에 자살한 것이 밝혀졌다. 경찰에서는 심씨를 문초 중에 있는데 이와 같은 식모 학대의 이면에는 치정관계가 있지 않나 주목되고 있다.[11]

1957년 식모라는 단어가 포함된 신문 기사의 대부분은 인용한 글과 비슷하다. 자주 사용되는 단어: 절도, 전과, 자살, 구타, 비관 치정… 이런 기사들 중 어딘가에, 혹은 이런 기사들 전체가 〈하녀〉의 원안이라고 보아도 좋을 테다. 이 기사들을 읽다 보면 굳이 식모라는 당대의 순화어를 사용하지 않고 '하녀'라는 단어가 채택된 이유도 짐작할 수 있다. 아래로 감춰 둔 것들이 모두 식모라고 지칭하는 사람들의 삶에 모여드니 그들의 상태를 설명하는 데는 하녀(下女)라는 단어가 더 적합하다.

"영화를 만들기 위해 필요한 것은 여자와 총이 전부다"라는 이 유명한 격언을 어떤 지성사적 맥락 없이 오롯이 문자 그대로 받아들인다면, 하녀의 삶은 영화의 소재로 충분해 보인다. 그렇지만 〈하녀〉가 만들어지기 위해서는 3년을 기다려야 한다. 양공주·간첩·소매치기가 한국영화에 활용되었지만 아직 하녀들은 영화의 주변부에 서 있을 뿐, 그들이 잠재하고 있는 위험성을 드러낼 기회는 주어지지 않았다.

하녀를 〈하녀〉로 발견하기 위해서는, 신문을 들고 〈하녀〉를 상상하기 시작한 사람을 기다려야 한다. 많은 사람들이 무시한 하녀를 영화의 소재로 발견한 그는 당연히 특수한 사람이다. 정확히 어떤 시점에서 했는지 알 수 없지만 영화평론가 이영일은 그가 이런 말을 했다고 전했다. "인간의 본능을 해부하면 검은 피가 난다. 그것이 욕망이다."[12] 마치 자기는 인간에 속하지 않기라도 하다는 듯이. 이 사람에게 하녀가 매력적인 소재였음은 자명하다. 가장 사적인 공간인 집 안에서 사람들은 사회의 가면을 벗고, 가족이라기보다 가구에 가까운 하녀들이 그 헐 벗은 모습을 유심히 지켜보곤 했을 테니까.

이 사람의 이름은 김기영이다.

김기영과 안개

이 장은 〈하녀〉를 만들기까지 김기영의 전기다. 〈하녀〉가 아주 예외적인 사람에 의해 만들어질 수 있는 영화라면, 전기의 목적은 그 예외성이 마련될 수 있었던 역사적 조건을 꼼꼼히 살피는 것이다.

과거부터 오늘날까지(혹은 오늘날에 와서 더욱) 한국영화를 대표하는 감독으로 꼽힘에도 불구하고, 공신력 있는 김기영 전기를 쓰기는 아주 어렵다. "매스컴 쪽은 물론 같은 영화 종사

자들과도 접촉을 꺼리는 까닭"에 왕성한 활동을 한 1960~70년 대에도 많은 자료가 남아 있지도 않거니와,[13] 전기의 기초 자료로 활용할 수 있는 자서전조차—곧 말할 그의 죽음의 속성과 관련이 있을 테다—김기영은 내지 않았다. 그리하여 영화평론가 이영일이 1963년 최초의 김기영 감독론을 열며 쓴 "감독론의 대상으로서 생각할 때 가장 정체를 잡을 수 없는 사람이 바로 김기영"이라는 문장은 여전히 유효하다.[14]

정말, 의아할 정도로 공신력 있는 김기영에 대한 정보는 드물다. 자서전이 없는 상황을 타개하고 그의 삶을 폭넓게 알려 줄 생애사들은 기이하게도 저마다 객관성의 한계가 있다. 가령 이효인은 김기영을 인터뷰할 때 하필 녹음기를 빠뜨리고 가서 속기를 했다.[15] '김기영 감독 인터뷰집'으로 널리 인용되는《24년간의 대화》는 유지형이 김기영이 죽은 후에 그와 나눈 20년간의 대화를 기억하여 옮긴 책이다(그러므로 이 책은 엄밀하게 말해서 '인터뷰집'이 아니다).[16] 그리고 심지어 작년, 내가 한국예술종합학교가 보관하고 있는 '이영일 아카이브'를 통해 이영일이 김기영과의 대화를 녹음한 카세트를 재생하자 이내 테이프가 끊어졌다. 이렇게 모아 놓고 보면 어떤 힘이 김기영을 불가사의하고 예외적인 존재로 남겨 두는 것처럼 느껴지기도 한다.

김기영을 결정적으로 불가사의하게 만드는 것은 그의 죽음이다. 김기영은 1998년 2월 5일 새벽 3시 화재로 사망했다. 이

화재 장면은 뉴스 영상으로 지금도 확인할 수 있는데, 어두운 밤임에도 지붕을 뚫고 치솟은 불길에 한옥의 실루엣이 선명히 보일 만큼 큰 불이었다.[17] 1960년대 한국영화의 트로이카로 함께 불리었던 신상옥과 유현목이 의료적으로 기록되고 여과되는 병원에서 죽음을 맞이한 것에 비교하면, 이 죽음은 갑작스럽고 어딘가 은밀하게까지 느껴진다.

"새벽 2시에 달려갔다. 잿더미가 내 키보다 높게 쌓였다." 아들 동원 씨는 집이 화재로 전소된 후 '기이한 경험'을 했다고 말했다. 다 타서 잿더미가 되었는데 비닐에 싸인 문서가 발견되었다. '동원아 보거라'로 시작되는 아버지의 유서였다. "너무 놀랐다. 유서 첫 마디는 '내가 이 한옥을 사지 말자고 했는데 네 엄마가 우겨서 샀다'는 책망으로부터 시작된다. 그런데 그 다음이 이것이다. '내가 공중에 떠서 우리 집 마당을 내려다보는데 아마도 내가 죽은 모양이다. 네(동원 씨)가 마당에 삼발이를 치고 땅을 파고 있는 것이 보인다.'" 김 감독이 묘사하고 있는 모습이 마당에서 작업을 하고 있는 자신의 모습과 너무나 똑같았던 것이다.[18]

누군가의 죽음을 멋대로 상상하는 건 찝찝하다. 그렇지만 김기영의 유서 앞에서 상상을 멈추기는 어렵다. 그는 어떻게 유서에서 사망의 경과와 시점을 예측했는가? 〈하녀〉 그리고 김기영과 그의 영화들이 어떤 시대에 속하지 않는 것처럼 보이듯, 그가 일상적인 감각 세계를 초월하기라도 했단 말인가. 그것이 초월적인 능력이 아니라면… 많은 평론가/연구자들은 비공식적으로 이 죽음에 대해 입방아를 찧곤 했다.

이처럼 김기영에 관한 자료가 한정적이고 때로는 신빙성이 없지만, 다행히 김기영에 대한 짧은 전기가 포함된 두 권의 책 이효인의 《하녀들 봉기하다》와 이연호의 《전설의 낙인》이 발간된 시점에 비해 오늘날에는 많은 자료에 접근할 수 있다. 2022년 한국영상자료원이 수행한 '김기영 문헌자료 컬렉션' 조사를 통해 김기영의 장남 김동원, 촬영감독으로 연을 맺은 정일성, 《김기영 시나리오 선집 II》를 편집한 김홍준 등이 기증한 총 249점의 새로운 자료를 열람할 수 있게 되었기 때문이다. 비록 대부분이 〈하녀〉(1960)로부터 한참 지난 1980~90년대에 생산된 자료였지만, 김기영이 말년에 회고한 그의 소년 시절과 같은 자료는 김기영이 〈하녀〉의 감독'에 이르는 데 결정적인 역할을 했다. 더하여 '김기영 문헌자료 컬렉션'을 비롯해 지금껏 연구자들이 활용하지 않은 정보도 여기서는 폭넓게 활용했다. 그중에는 내가 헌책방에서 발굴한 자료도 있고, 관계자를 인터뷰해서 알게 된 내용도 있다.

그럼에도 그 증거들의 숫자는 여전히 적거니와 사실 확인이 어려운 경우도 잦았다. 그럴 때는 찝찝한 결론에 이르더라도 상상력을 발휘했다. 실제 사건에서 출발한 〈하녀〉 그리고 〈충녀〉(1972), 그리고 그의 유서처럼, 김기영이야말로 이런 찝찝한 상상의 대가니까.

유년 시절 그리고
원초적 장면primal scene

지그문트 프로이트Sigmund Freud에 따르면, 유년은 단순히 지나간 과거가 아니라 삶의 전반에 끊임없이 영향력을 행사하는 정신의 토대가 형성되는 시기다. 정신분석학의 설명을 일반에 적용할 수 있는지에 대해서는 이론의 여지가 있지만 자의식적인 프로이트주의자 김기영이라면 유년기에 특권적인 지위를 부여했을 것이다.

특수한 가문의 사람이 아니라면 으레 그렇듯, 김기영의 유년기에 대한 기록도 안개에 가려져 있다. 그러나 '정체를 알 수 없는 감독' 김기영을 역사화하기 위해서는 그의 유년기의 삶으로 거슬러 올라가야 한다.

1919년 10월 1일 서울 종로구 익선동에서 김석진(金錫振)

김기영 가계도

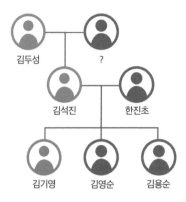

김두성 ── ?

김석진 ── 한진초

김기영 김영순 김용순

과 한진초(韓進初)의 첫째 아들로 김기영이 태어났다.* 김석진
은 서울 출신의 경성고등보통학교를 졸업한 소학교 선생이었
고,** 한진초는 평양 출신의 경성여자고등보통학교를 졸업하

---

* 그가 스스로 쓴 〈경력서〉에도 김기영의 출생은 항상 1919년 10월 1일로 기록되
어 있다. 그러나 김수남 등은 김기영이 1922년에 태어났다고 옮기기도 한다(김
수남, 〈김기영 감독님과의 인연〉, 《영상문화정보》, 1999년 봄호, 30쪽). 기실 이
영일과의 구술에서도 김기영은 생년월일이 "사실 19년이 아니에요"라고 말하기
도 했다(이영일, 〈김기영 구술 테이프〉, 이영일 아카이브, 1979년 3월 15일). 행정
적인 인구 관리가 미비했던 시기이므로 김기영처럼 출생 연도가 부정확한 경우
는 잦았다. 더하여 김석진·한진초의 한자와 유년기에 대한 기초적인 내용은 앞서
인용한 이영일–김기영의 구술 테이프를 바탕으로 작성했다.

** 기록에 따르면, 김석진은 1915년 4월 경성고등보통학교를 졸업했다(《조선총독
부 관보》, 805호, 1915년 4월 13일, 9쪽). 김기영의 구술과 동일하게 이후 김석진
은 1917년부터 경주공립보통학교에서 일을 시작했다(《조선총독부 직원록》, 1917,
277쪽).

고 소학교 선생을 했다.* 두 부모는 인텔리였다. 김기영에게는 손아래 누이가 두 명 있는데 큰누이는 김영순(金永順)으로 후일 화가가 되고, 둘째 누이는 김용순(金蓉順)으로 후일 체육 교사가 되었다고 한다.

이러한 건조한 정보를 제외하면 김기영의 가족에 대해 알려진 정보는 거의 없어서, 그의 가정환경이 어땠는지 유추하기는 어렵다. 다만 김기영이 부모의 성격을 "하나(아버지―인용자)는 서울 사람이라 유순하고, 하나(어머니―인용자)는 무시무시한 여자"라고 표현한 점과 그의 부친이 식민지 시대에 가장 재밌게 본 극을 "홍첨지가 큰 남근을 어깨에 턱 메고 나와 첩과 본처의 싸움을 남근을 휘둘러 말리는, 아주 섹시한" 인형극(人形劇)으로 꼽은 점은 〈하녀〉의 서사를 의식하면 어떤 조짐처럼 느껴지기도 한다.[19]

여하간, 김기영은 보통학교(현재의 초등학교, 수업연한은 4년) 2학년까지 서울에 살았고, 그의 아버지가 평양으로 전근을 가면서―《조선총독부 직원록》에 따르면 김석진이 평양종로보통학교로 전근을 간 것은 1934년이다.[20] ―3학년 때 평양으로 이

---

* 기록에 따르면, 한진초는 1915년 4월 경성여자고등보통학교 사범과를 졸업했다 (《조선총독부 관보》 805호, 1915년 4월 13일, 180쪽). 그 후 평양여자공립보통학교에서 훈도(訓導: 초등학교 교원)로 일을 시작했다(《조선총독부 직원록》, 1915년, 1104쪽). 1915년 이후 한진초의 기록은 남아 있지 않다.

사를 갔다. 김기영이 서울 그리고 '조선의 오사카'로 불린 평양에서 자랐다는 사실은 널리 알려져 있다.

그러나 서울과 평양 같은 도회지의 삶 사이에 널리 알려지지 않은 장소가 하나 있다.

* * *

1996년 죽음을 한 해 앞두고 있을 때까지 김기영은 〈생존자〉란 이름으로 알려져 있는 영화 작업에 열중하고 있었다. 〈생존자〉의 시나리오에는 여러 판본—판본에 따라 제목은 〈마지막 생존자〉, 〈피의 능선〉, 〈지옥의 노스탈지어〉 등 다양하다—이 있는데 그중 〈박개똥〉의 '제작 의도'는 이렇게 시작한다. "이 이야기는 내가 직접 체험하고 같이 살던 촌마을 사람들의 실생활을 한데 묶은 자서전 같은 것이다. 내가 자란 강원도 금화군(현재어로는 김화군—인용자) 근남면 양지리 일대…"[21] 김기영의 조감독을 지낸 강철웅에 의하면 말년의 김기영은 "시나리오 〈생존자〉를 … 앉아서 조시다가 꿈을 꾸면" 썼다.[22] 프로이트는 무의식의 근저에 유년기의 경험이 있으며, 꿈의 해석이 정신적 삶의 무의식을 알 수 있는 왕도라고 말했고, 말년의 김기영은 정말로 꿈을 통해 유년기의 기억을 더듬었다.

"내가 겪은 어린 시절 상황은 지금 사람들에게는 불가사의한 신화처럼 느껴질 것이다."[23]

이 구절은 〈단책(單冊)의 망령〉이라는 글의 첫 문장이다. A4 7페이지를 스테이플러로 묶은 제목과 저자 표기를 제외하면 어떤 정보도 기록되어 있지 않은 이 글은 유가족이 수습한 유품 사이에 물 번짐과 재로 얼룩진 채 파묻혀 있었다. 인용한 문장으로 시작하는 〈단책의 망령〉은 김기영이 경기도 금화군 근남면에서 겪은 어린 시절을 회상한 짧은 글이다. 김기영이 말년에 사후적으로 유년을 회상한 글이라는 점에서 신뢰도의 문제가 다대하지만, 그의 가문이 해당 지역에 거주했다는 증거는 있다. 가령 〈단책의 망령〉을 쓰기 전 일찍이 1979년 김기영은 할아버지가 갖고 있던 농지에 "1학년 말에 (농촌을—인용자)가 가지고 평양은 3학년 말에" 갔다고 회고한 바 있는데, 실제로 김기영의 조부 김두성은 '강원도 철원군 근남면 마현리'에 땅이 있었다.*

* 〈기타자료: 변론기일소환장〉(소장관리번호 ZH0000341_01), 한국영상자료원 《김기영 문헌자료 컬렉션》, https://www.kmdb.or.kr/collectionlist/detail/view?colId=262(최종확인일: 2024.10.29.) 이 자료는 권태봉이 제기한 소송으로 김기영에게 송달된 〈변론기일소환장〉이다. 권태봉은 1933년 김기영의 조부(祖父) 김두성이 권태봉의 부(父) 권순재에게 매도한 부동산을 1959년 김기영이 법률적 이유 없이 경료한(등기를 함) 소유권보존등기에 대해 원인무효 소송을 했다.

① 옛사람들도 남아는 두 살이면 정충이 생산되는 것을 알았고 여자는 열여섯 살이어야만 월경이 시작됨으로 신랑은 여덟 살 신부는 열여섯 살 이상으로 정해져 있었다. 결혼식 날 꼬마 신랑이 말이 무서워 몇 번이나 떨어지면서도 눈물범벅이 되어 말을 타고 가는 것을 보고 삶의 무거움을 절실히 느꼈다. 여름날 냇가에서 수영하다가 꼬마 신랑의 육체 일부에 이상이 생긴 것을 발견했다. 친구들이 모여 들어 그 사연을 묻자 어른이라고 지칭하는 신부가 밤이면 자주 손질해서 빨갛게 까 놓는다

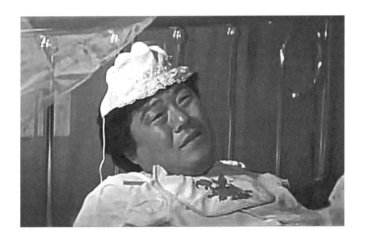

〈육식동물〉(김기영, 1984).

는 것이다. … 그 신부의 얼굴이 보고 싶어졌다.

② 백자같이 흰 피부에 분홍빛 볼 그리고 앵두 같은 입술이
라면 보통 하는 표현이나 그녀 눈의 검은 눈동자의 검기
란 상상할 수 없을 만치 깊고 옻칠과 같이 모든 광선을
흡수해 갔다. 어머니가 하신 말씀이 떠올랐다. "눈동자
가 새까만 여자는 상대를 말리는 굉장한 색골이니 남자
를 피를 토하고 죽게 만든다."

③ 나는 난생처음 나이 여덟 살에 우리나라 고전인 춘향전
("그 신부"가 빌려 주었다—인용자)의 뚜껑을 연 것이다. 동
시에 별안간 여자가 그리워지고 성욕을 느낀 생리현상
도 처음 맛봤다. 춘향과 이도령의 첫날밤 정사 장면 묘
사는 어린 나에게 충격적이다. … 나는 그날 밤 어린 꿈
에 그 신부와 정사에 들어갔다. … 기대에 차 또 한 권
의 남녀 사랑의 책을 빌리러 가기 전에 그 집에 보다 큰
사건이 터졌다. 시어머니가 밤늦게 집 밖의 둥근 퇴비
를 채우는 헛간에 용변을 보러 갔을 때 그 안에서 여자
가 큰 나무 위로 올라가는 것 같은 엄청난 소리를 듣고
혹시 아들과 며느리가 그곳에서 힘들게 애를 만드는 게
아닌가 하고 신방 문을 여니 잠에 떨어진 신랑은 있어도

위에서부터 〈하녀〉(김기영, 1960)의 이은심, 〈화녀〉(김기영, 1970)의 윤여정, 〈수녀〉(김기영, 1979)의 이화시.

신부가 없었다. 시어머니가 무서움에 떨며 몽둥이를 들고 헛간을 습격하자 후다닥 남자는 도망가고 그곳엔 가련한 며느리가 땀투성이가 돼 기절해 있었다. 동리 여자들이 폭풍처럼 밀려들어 '린치'에 가담했다. 이 집 저 집에서 오줌동이를 들고 와 신부 머리서부터 부어 내렸고 치마를 벗겨 갓난 실풀을 뽑는 것을 시작으로 부지깽이로 성기 속을 쑤셔 피를 난자하게 흘리게 하는 폭행도 했다.

말년의 김기영이 열 살 무렵 소년의 시선으로 되돌아가 바라보는 금화군의 풍경은 원시적이고 잔인하다. 성에 관한 지식을 교육 받기도 전에 또래 친구들은 노동력 생산을 위한 번식의 경제에 입회하고, 욕구는 번식의 경제를 초과하여 발현되며, 욕구를 통제하지 못한 자는 공동체에 의해 벌을 받는다. 비록 친구의 아내를 둘러싼 풍경이지만, 친구의 아내인 "신부"가 빌려준 《춘향전》을 통해 처음 섹스를 접하고 꿈에서 그날 밤 "신부"와 성몽(性夢)을 꾼 김기영 역시 저 풍경 속으로 강렬하게 함입했을 것이다. 그러므로 김기영이 기억하는 열 살 무렵의 금화군은 프로이트의 표현을 빌리자면 정신적 외상을 일으키는 원초적인 장면primal scene에 가깝다. 신경증자가 원초적인 장면을 굴절과 압축을 통해 되풀이하듯, 영화감독 김기영

또한 금화군의 장면으로 계속 돌아가야 했던 것일지도 모른다.

서울 그리고 금화에서의 소년 시절 이후, 김기영은 당시 명문학교인 평양고등보통학교(현재의 고등학교-수업연한은 5년)에 진학하여 1940년 28회로 졸업했다.[24] 고교 동기인 박봉진에 따르면, 평고 시절 김기영의 별명은—언행이 독특한 사람을 뜻하는—기사(奇士), 일본식으로 '기시(きし)'였다. 별명에 걸맞게 "워낙이 기시라 동기들도 당시의 그를 소상히 기억하지 못한다. 하기는 누구와 몰려다니는 성격이 아니었던 것 같다."[25]

그때가 개교기념일이었습니다. 내가 기념행사의 미술 부문 최고상을 받았어요. 미술부 학생들이 수두룩한데 내 작품이 최고라고 상을 주니 얼떨떨했지요. 그런데 마사키 선생이 나를 조용히 부르더군요. 이 양반이 하는 말이 '내가 너를 주욱 지켜보니 넌 참 손재주가 좋더라. 난 너를 좋아하지 않지만 네 재주가 놀라와 최고상을 준 것이다. 너는 글 잘 쓰고 음악, 미술에도 뛰어나고 검도도 잘하는데, 너처럼 재주가 많은 사람이 할 일은 소학교 선생님뿐이다. 예술은 손재주로 이룩되는 것이 아니고 정신이야. 넌 정신이 글러 먹었어' 하더란 말입니다. 이 말을 듣고 분통이 터져서 집으로 돌아오자마자 바이올린 기타를 부숴 버리고 그림도 다 찢어 버렸지요. 그리고 끙끙 앓다가 결심했습니다. 빌어먹을 것, 의과대학에 가서 돈이나 벌고 출세하겠다고….*

학창 시절의 김기영.

바이올린을 켜는 사진이 풍기는 분위기처럼, 평양고등보통학교 시절 김기영은 다양한 예능에 소질이 있었다고 한다. 그렇지만 김기영은 예능 쪽으로 진로를 설정하지 않았다. 그 이유는 마사키(正木)라는 선생으로부터 다재다능하지만 정신이 부족한 사람은 예술가는 커녕 소학교 선생밖에 못 한다는 지적을 받았기 때문이다. 마사키 선생의 지적 이후 김기영은 예술 취미를 접고 의과대학으로 진학했다. 당시 의과대학은 학병(學兵) 징집을 피할 수 있었

---

* 박상기, 〈나의 원점, 김기영 의사의 길을 떠나 영화감독으로〉, 《한국인》 2권 9호, 1983년 9월호, 86쪽. 인용한 문헌에는 '마사키 선생'이 아니라 '미노미야 선생'으로 되어 있었다. 그런데 후일 이영일과의 구술에서 김기영은 해당 의사의 이름을 '마사키' 한자어로 '正木'이었다고 정확히 말한다. 박상기의 구술에 고려예술좌가 "고려예술조사"로 표기된 것과 같은 오류가 있는 데서 미루어, '미노미야'도 '마사키'를 잘못 옮긴 것으로 보인다. 더하여 일제강점기 직원록에서 마사키 히로츠구(正木博次)가 1930년부터 1943년까지 평양고등보통학교에서 근무했다는 흔적도 찾을 수 있다.

기에 진학이 아주 어려웠다.

지금의 시점에서 돌아보면 마사키와의 일화는 여러모로 김기영의 미래를 예시한다. 여러 예술 분야에 두루 두각을 드러냈던 김기영은 '종합예술'에 해당하는 영화감독이 되었고, 마사키가 예술에서 정신성을 강조한 덕인지—동 시기에 활동한 감독들과 달리—김기영은 자신의 정신을 오롯이 구현하기 위해 연출뿐만 아니라 시나리오부터 제작에 이르는 과정에 긴밀하게 관여한 과작(寡作)의 작가가 되었다(그러므로 김기영은 흔히 영화평론에서 말하는 '작가정책'으로 지지 받아야 하는 '감독auteur'과는 거리가 멀다. 그의 작업 환경은 고전적인 예술가에 가깝다).

그런데 마사키가 말한 '정신'은 무엇이었을까? 공교롭게도 훗날 김기영은 식민지를 배경으로 한 영화 〈흙〉에서 원작 소설 《흙》에는 등장하지 않는 마사키 히로이(正木浩)라는 검사를 추가한다. 그 검사는 조선인의 무저항주의를 냉소하면서, 주인공 허숭에게 조선 역사의 중요성을 강변한다. 그저 인명이 겹친 것일지도 모르나 … 당시 평양고보가 3·1운동에 열렬히 참여한 항일의 역사를 갖고 있는 동시에 "친일파 아니면 못 들어가"는 학교였다는 점을 염두에 두면,[26] 이러한 우연이 흥미롭기는 하다.

연극시대[27]

　김기영은 1940년 평양고보를 졸업한 후 의과대학 입학을 위해 교토(京都)로 유학을 가서, 3년의 재수 끝에 1944년 해방 직전 교토대학 의학부에 합격했다고 한다.[28] 그런데 김청강의 최근 연구에 인용된 김기영의 학적부에 따르면, 김기영은 1942년 경성치과의학 전문학교에 입학해서 1944년 장기 무단 결석으로 인해 퇴학 조치가 되었다. 학적부에 2학년까지 학교를 다닌 기록이 있는 것으로 미루어 김기영이 일본에 갈 수 있던 것은 1943년 말 혹은 1944년 이후였으리라 짐작된다.[29] 한편 황문평은 1944년 어느 봄날 한상기의 부탁을 받아 김기영을 일제의 어용 극단인 "조선연극문화협회 직속 이동극단 제2대에서 뮤지컬(창극—인용자) 〈견우직녀〉의 중앙공연"을 준비하던 서항석(徐恒錫)에게 소개하여, 김기영이 〈견우직녀〉에서 포수 연기를 했다고 회고한 바 있다.[30] (창극 〈견우직녀〉에서 포수는 매우 단역이지만 아리따운 땅인 금강산에서 "암사슴"의 피를 흘리게 하는 불순물이다.[31] 김기영이 포수 역할을 자청한 것인지는 알 수 없지만, 후일 그의 필모그래피를 생각하면 꽤 잘 어울리는 역할이다.) 황문평에 따르면, 김기영은 연기를 그르친 후에 지방 공연을 따라다니며 무대감독 조수를 했다.

　김기영 본인은 "해방이 되자 교토의 대학 의학부에서 돌아

왔다"라고 밝혔지만,[32] 학적부와 황문평의 회고가 사실이라면 김기영의 재일(在日)은 그 기간뿐만 아니라 사실 자체가 매우 불분명해진다—더구나 1943~1944년 제국 일본은 '총력전'을 하고 있었다. 이러한 맥락에서 이영일이 그가 입학한 교토의 대학교 이름을 알려 달라고 청하자 "그건 이야기할 필요 없다"라고 일축한 김기영의 대답은 꽤 의미심장하게 느껴진다. 여하간 이처럼 의문으로 가득한 김기영의 재일(在日)이지만,* 김기영 본인은 3년간 교토에 있었으며 "대학생들만을 위해 외국 영화를 상영하는 극장"에 하루도 빼놓지 않고 영화를 보러 다닌 "열렬한 영화 구경꾼"으로 살았다고 회고했다.[33]

* 김기영의 재일(在日) 시기는 이처럼 확인되지 않은 정보로 가득하다. 이를 가장 잘 보여 주는 것이 김기영이 쓰키지(築地) 소극장에서 오사나이 가오루의 강연을 들었다는 정보다. 이효인은 〈김기영 연보〉를 작성하면서 김기영이 "좌익극을 주로 공연하던 쓰끼지 극장에서 모스끄바에서 공부하고 돌아온 뛰어난 극작가인 오사나와 가오루의 강연을 들음, 이 시기 그는 영화를 비롯한 예술이 '생활화'를 넘어선 '육체화'의 단계였다"고 서술했다(이효인, 〈김기영 연보〉, 앞의 책, 369쪽). 이러한 서술은 이후 김수남, 유지형, 그리고 최근 김영진(김영진, 〈김기영의 삶과 영화 이야기〉, 《영화천국》 59호, 2017년 12월, 20쪽)까지 이어지고 있다. 그런데 쓰키지 극장의 후신(後身)이자 좌파적 성향을 갖고 있는 '신쓰키지극단'은 40년에 해산을 당한다. 또한, 김기영이 강연을 들었다고 전해지는 '오사나와 가오루'는 '모스크바 유학'·'진보적 활동' 등 여러 맥락에서 1기 쓰키지 소극장의 의장이었던 '오사나이 가오루'의 오기(誤記)로 보이는데 이 역시 문제적이다. 오사나이 가오루는 1928년 유명을 달리하기 때문이다. 이러한 맥락에서 〈김기영 연보〉에서 처음으로 제시되는 "쓰끼지 극장에서 모스끄바에서 공부하고 돌아온 뛰어난 극작가인 가오루의 강연을 들음"이라는 정보는 근본적인 수정을 요구한다. 금동현, 〈김기영 초기 영화미학 연구〉, 경북대학교 대학원 석사학위논문, 2020, 8쪽.

해방부터 한국전쟁까지 김기영이 열중한 건 영화가 아니라 연극이었다. 어린 시절 능숙했다고 회고한 그림·시·음악은 확인되지 않지만, 김기영의 연극은 매체에 많이 노출되었고 광고지 등의 상세한 자료도 남아 있다. 김기영이 이름을 떨치기 시작한 것도 대학교에서 연극을 하면서부터다. 이러한 맥락에서 김기영 예술의 변모 과정을 파악할 때—그 이전의 창작물이 발견되기 전에는—그의 연극을 하나의 출발점으로 삼을 수 있다. 김기영은 연극을 할 때 취했던 방법에 능숙해지고, 그것에 기반을 두고 후일의 영화 작업을 했을 것이다. 기실 훗날 김기영은 연극 활동을 할 당시에 이미 영화를 촬영하고자 했다고 회고했고, 촬영감독 정일성도 김기영의 연극이 "영화 작업에 그대로" 이어졌다고 말한 바 있다.[34] 그렇다면 김기영은 어떤 연극을 했을까? 지금까지 전기를 정리한 논자들은 사실주의적인 연극을 했다고 적었다. 그러나 이는 사실과 다르다. 결론부터 말하자면, 김기영은 이상심리(異常心理)를 가진 인물이 등장하는 희곡을 비사실주의적으로: 당대의 용어를 빌리자면 "표현파"에 가깝게 연출했다.

김기영의 연극 이력을 간단히 정리하면 다음과 같다.[35]

1946년: 평양에서 '세란좌' 가담 〈상선 테나시티〉 공연, '학
　　　　생예술좌'에서 〈개〉, 〈밤주막〉, 〈인형의 집〉 연출,
　　　　서울대학교 건립 기념 '학생예술좌' 가담 〈악로〉
　　　　연출
1947년: 서울대학교 9개대 통합 연극부 '국립대학극장' 가
　　　　담 〈악로〉, 〈베니스의 상인〉 연출, 세브란스의대
　　　　63주년 기념공연 강준상 작 〈생의 제단〉 무대장치
　　　　참여
1949년: 서울대, 세브란스 연극부 합동으로 '고려예술좌'
　　　　창설 〈유령〉 연출

　그렇다면 해방부터 전쟁 전까지 김기영의 연극관(演劇觀)
은 무엇이었을까? 김기영의 1947년 〈생의 제단〉 공연 참가에
서 실마리를 찾을 수 있다.* '고려예술좌' 창설 이전 김기영이
가담한 '학생예술좌'와 '국립대학극장'은 서울대학교 연극부로
소속집단을 바탕으로 하는 단체였다. 이와 달리 〈생의 제단〉은
김기영의 소속집단이 아닌 세브란스 의과대학에서 주최한 연
극이었다. 그러므로 김기영이 〈생의 제단〉에 참여한 이유는 집
단의 범위와 무관한 개인적인 관심 혹은 인맥에 근거한 것이라

---

* 　배우 김혜자가 처음 무대에 오른 것이 바로 이 〈생의 제단〉 공연이었다.

추측할 수 있다. 김기영과 〈생의 제단〉 사이에는 세브란스 의과대학 재학생이었던 강준상이 있다. 한승억에 의하면, 〈생의 제단〉의 각본을 맡은 강준상은 김기영과 "가장 가까운 시절을 지냈던" 사람이며,[36] 이후 고려예술좌에서 함께 활동할 때에도 주도적인 위치에 있었다.

그런데 공교롭게도 강준상은 1948년 서울의대 신경정신과 교실에 입국(入局)하여 프로이트 정신분석학을 배운 정신분석학자였다. 이러한 측면을 염두에 두고 아래 김기영과 강준상이 참여한 《〈유령〉을 말하는 좌담회》를 읽어 보자.[37]

> 사회: 무슨 고심담은? 또는 지향이라든지….
> 강준상: 우리는 첫째 학생이니까 그 점은 미리 아실 터이고 학과○○른지는 몰라도 심리학적 성격배우(心理學的性格俳優)가 되구 싶어요.
> 김기영: 요새 흔히 보는 영국영화 가튼 것을 보면 심리학적 지향이 만치 안흘까요. 현대인이 가진 말 못할 이상심 이랄까.

사회자가 지향하는 작품에 대해 묻자, 강준상은 학과를 거론하며 "심리학적 성격배우"를 이야기하고 김기영은 "심리학적 지향"으로 현대인의 말 못할 "이상심리"를 거론한다. 이러한 맥락에서 '심리학'에 대한 관심, 그중에서도 '프로이트 심리학'이 김기영과 강준상이 관계를 맺은 접점이었을지도 모른다. 그리고 이것은 당시 김기영의 연극 작업에도 충실히 반영되고 있다.

이를테면 김기영이 속한 단체가 여러 차례 공연에 올린 〈악로〉와 〈유령〉에는 '이상심리'를 가진 인물과 그로부터 초래되는 파국이 등장한다. 〈악로〉는 귀족 보르쑈프가 부인에게 배신당한 후, 자신을 떠난 부인 마리아를 잊지 못하고 술로 전전하던 날 중 하루에 관한 이야기다. 작중 부랑아인 메리크가 거칠게 말하듯 보르쑈프는 "질병 때문이라기보다는 여자" 때문에,[38] 그의 계급적·사회적 지위를 모두 잃고 만다. 〈유령〉 또한 유전적 형질의 반복 앞에 "모범적인 가정이라는 가상을 유지하기 위한 노력"이 무너지는 이야기다.[39] "악마를 볼 수는 없어"라는 〈악로〉의 대사와 "유령이에요!"라는 〈유령〉의 대사가 암시하듯, 이들 두 작품에서 인물의 몰락을 추동하는 요소는 언어로 형상화할 수는 있지만 가시적으로 포착할 수는 없는 인간 내부의 성적 욕망이다.

김기영은 이러한 주제를 전달하기 위해 '연출가'로서 상당한 노력을 했다. 이연호는 "자연주의 작품"을 연출한 김기영이 이 시기에는 "사실적 객관성"을 추구했다고 서술했는데,[40] 여기에는 희곡사적 양식을 김기영의 연극 '연출'에 투사하는 비

국립대학극장 창립공연 〈악로〉 공연의 한 장면. 〈서울大
演劇 30년〉,《대학신문》, 1977년 9월 26일.

약이 있다. 이연호가 거론한 입센과 〈악로〉를 쓴 체호프가 통
상적으로 자연주의 희곡을 쓴 사람이지만, 김기영은 연극 연
출가로서 희곡사의 위치와 무관한 선택을 할 자유가 있었다.
김기영이 연출한 방식은 당대에 '표현적'이라 불릴 만큼 매우
양식적이었다(금화에서 겪은 일이 정말이었다면 소위, '리얼리즘'은
김기영에게 그다지 사실적이지 않았을 터이다).

　위 사진은 김기영의 아내인 김유봉(金有鳳)이 《대학신문》에
제공한 〈악로〉의 공연 사진이다. 체호프의 희곡 〈악로〉에 수록
된 무대 지시문과 공연 사진을 비교하면, 김기영의 연출자로
서 자의식을 조금 엿볼 수 있다. 희곡 〈악로〉의 무대 지시문은
다음과 같다.

"무대는 티혼의 선술집이다. 오른쪽에는 술병이 놓인 선반과 계산대. 안쪽에는 밖으로 통하는 문. 그 위에 기름투성이의 붉은 등불이 밖으로 매달려 있다. 바닥과 벽 옆에 놓인 의자는 순례자와 나그네들로 초만원이다. 자리가 부족하기 때문에 많은 사람들이 앉은 채 자고 있다. 한밤중. 막이 오르면 천둥소리가 들리고, 문을 통해 번개 치는 것이 보인다."[41]

무대지시문에서 '기름투성이'와 같은 세밀한 부분을 기록하고 있는 것처럼, 체호프는 사실적인 무대를 염두에 두고 〈악로〉를 집필했던 것으로 보인다. 그러나 김기영이 연출한 연극 〈악로〉는 사실적인 연출과는 거리가 멀었던 것 같다. 〈악로〉의 무대장치―김기영은 일찍이 '연극문화협회'에서 무대장치 조수 역할을 했으며, "연극할 때부터 세트 디자인을 직접 했"다.[42]―를 눈여겨보면 체호프의 희곡과 다른 점을 쉽게 찾을 수 있다. 전체적으로 무대는 대각으로 뒤틀려 있으며, 세트는 서로 조화를 이루기보다는 부조화를 그대로 드러낸다. 사실적인 무대와는 거리가 먼 것이다.

이러한 무대구성을 염두에 두고, 이화삼의 극평(劇評)을 읽어 보자. 이화삼은 〈악로〉에 대해 "끝으로 간단한 평을 하자면 연출은 성공이다. 세트는 실패다. 원작이 요구한 건 그런 표현적인 무대는 아니다. 효과를 너무 난용하였다"고 평했다.[43] 〈악로〉는 비단 무대의 왜곡과 부조화뿐 아니라 효과가 난용(亂用)된, 즉 이화삼의 말을 빌리자면 '표현적'인 공연으로 연출된 것이다. 체호프의 희곡이 양식사적으로 '자연주의' 또는 '사실주의'로 여겨지므로, 이화삼의 평을 따라 "원작이 요구"한 연출과 김기영의 연출이 많이 달랐던 것 또한 분명해 보인다.

〈악로〉 이외의 다른 극도 마찬가지다. 실제로 1940년대 후반 김기영이 활동한 연극 단체는 "표현파극의 권위"로 평가받았다.[44] 시인이자 평론가로서 이론에 민감한 조향 또한 '고려예술좌'를 "서울대학교 연극부의 좌파 아닌 파의 후신"*으로 "현대극의 아방가르드로서 발전할 것같이 뵈었"던 극단이라 평한 바 있다.[45]

* * *

1950년 서울대학교 의과대학을 졸업한 김기영의 전공은 외과

---

* 이병윤도 김기영이 '아주 우익'에 속했다고 평한 바 있다. 영화감독 정진우도 김기영이 거의 '백색주의자'에 가까웠다고 말한 바 있다. 1980~90년대 한국 정치의 지형에서 주로 진보에 속하는 논자들이 김기영에 대해 쓸 때, 이러한 사실은 주로 눙쳐졌다. 어쩌면 '쓰키지 극장의 오사나이 가오루'같이 명백한 오류가 어처구니 없이 잔존한 것은, 김기영을 어떻게든 좌파적 맥락에 위치시키기 위한 무의식의 발현일지도 모르겠다.

(外科)와 안과(眼科)였다.** 수업 중에는 겉에 난 상처를 꿰매거나(외과) 시야가 흐릿하여 객관적인 세상을 잘 인지하지 못하는 환자의 시력을 교정하는(안과) 것을 배우는 동시에 겉이나 객관적 세계만으로는 해소할 수 없는 욕망의 문제를 표출하는 연극을 했던 것이다. 낮의 치료와 밤의 해부. 계획대로였다면 김기영의 창작 생활은 졸업과 함께 끝을 맺었을 것이다. 그러나….

미 공보부
그리고 재건되는 신체

의과대학을 졸업한 김기영은 병원에서 연수 과정을 시작한다. 그러나 그의 의사 생활은 채 반년도 되기 전에 끝난다. 부산 피난 시절에 김기영은 "대학 시절에 연극을 연출한 경험이 많았다는 소문"에 힘입어 미국 공보부United States Information

---

** "의대(醫大)를 나왔죠. 그래서 안과의사 노릇을 하다 영화계에 들어섰습니다."(〈영화 속에 묻혀 산다〉, 《스크린》, 1964년 5월호, 69쪽). 4년 전에 나온 자세한 리포트의 내용은 다음과 같다. "대학 진학은 의외로 서울대학교 의과대학(醫科大學)이었고 전공은 외과(外科)와 안과(眼科)였으며 졸업은 제三기생으로 四二八三년도라 한다. (…) 金 감독이 외과를 전공하면서 안과 공부를 했다는 것은 역시 〈카메라〉를 통해 사물을 다루게 되는 영화와 일맥상통되는 점에서였으리라."(취재부, 〈이달의 클로즈업〉, 《씨네팬》, 1960년 12월호, 126쪽).

Services로부터—오영진이 주선했다—일자리를 제안 받아 영화 일을 시작했다.[46] 김기영이 미국 공보부에 취직한 정확한 시기는 알려지지 않았다. 다만, 오영진의 1951년 9월 3일자 일기에 "김기영과 ○봉국과 아침부터 공보처에서 살았다"는 문구가 있는 데서 미루어,[47] 늦어도 1951년 9월에는 김기영이 미국 공보부에서 일을 하거나 최소한 가까운 관계를 맺고 있었음을 추정할 수 있다.

김기영이 미국 공보부에서 만든 영화로 지금까지 확인된 작품은 〈나는 트럭이다〉(1953), 〈사랑의 병실〉(1953), 〈수병의 일기〉(1955), 〈주검의 상자〉(1955) 총 네 편이다. 이 중 관람 가능한 작품은 〈나는 트럭이다〉, 〈사랑의 병실〉 그리고 〈주검의 상자〉 세 편이다. 이 세 편의 영화는 모두 공산 세력과의 전쟁을 통해 폐허가 된 남한을 미국이 국가state와 반공 진영bloc으로 재건한다는—이 작품들이 영화film이기 이전에 공보(公報)라는 점에서 특히 요청되는—메시지를 전달한다.[48]

김기영은 미군정의 입장을 솜씨 좋게 공보(公報)한다. 가령 〈사랑의 병실〉은 전상(戰傷)으로 다리가 절단된 홍순길이 UN군의 도움을 받아 의족을 차게 된다는 이야기다. 여기에는 미군정의 원조를 통한 남한의 재건이 자연스럽게 녹아 있다. 쉽게 알 수 있지만 구태여 미군정과 남한의 관계에서 해설을 하자면, 〈사랑의 병실〉은 전쟁으로 폐허가 된 남한(사진 1)에서 그 폐허를

응축하여 다리가 절단된 아이(사진 2)가 UN군이 모은 기금: "한국 아동 절단 클리닉KOREAN CHILDREN AMPUTEE CLINIC"(사진 3)으로 의족을 차고 비로소 뛸 수 있는 신체가 된다(사진 4)는 이야기다. 형식은 다르지만—거칠게 구분하자면 〈사랑의 병실〉은 극영화, 〈나는 트럭이다〉는 다큐멘터리—〈나는 트럭이다〉 역시 〈사랑의 병실〉과 비슷한 방법을 취한다. 다만 그 방향이 다르다. 〈사랑의 병실〉이 UN군의 도움으로 홍순길-남한이 재활하는 이야기라면, 〈나는 트럭이다〉는 남한의 도움으로 UN군-트럭이 재생하는 이야기다. 전후에 폐차가 된 트럭(사진 5)은 차량재생창에서 재조립되는 과정에(사진 6) 남한 상이군인(傷病軍人)들이 "조국 재건에 애쓰는 모습"에 감화가 되어(사진 7) 고국으로 돌아가지 않고 남한 재건의 길을 걷겠다 다짐한다(사진 8).

"두 영화를 포개면 미군정의 대남(對南) 공보 전략이 보인다: 공산 진영과의 전쟁에서 폐허가 된 남한을 우리 자본주의 진영이 도와주겠습니다. 남한 국민들도 절망하지 말고 온 마음으로 (국가, 진영) 재건에 힘씁시다."

그런데 이 영화들에는 재건의 명랑함만 있는 게 아니다. 전체로는 미군정의 공보 전략을 수행하지만 김기영은 파국의 이미지에 더 끌리고 있다. 가령 〈나는 트럭이다〉에 흐르는 음산한 분위기의 배경음악과 "나는 주위에 흩어진 내 작은 조각들을 볼 때 다시는 한 몸이 되지 못하리라는 비애가 불현듯

⟨사랑의 병실⟩(김기영, 1953)

사진 1

사진 2

사진 3

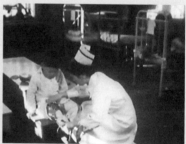
사진 4

2장 | ⟨하녀⟩ 이전의 김기영

〈**나는 트럭이다**〉(김기영, 1953)

사진 5

사진 6

사진 7

사진 8

이 지나갔습니다." 같은 내레이션은—이 작품과 동일한 '말하는 지프차' 형식의 다큐멘터리인 〈어느 지프차의 자기소개The Autobiography of a 'Jeep'〉(어빙 러너, 1943)에 비하면—상당히 기괴한 느낌을 준다.* 〈사랑의 병실〉은 더욱 노골적이다. 환자 수가 많아 동길의 병실에 많은 사람이 들어왔다는 부분에서 김기영은 구태여 전쟁의 피해를 입은 인물들을 마치 공포영화처럼 보여 준다.

메시지와 무관한 혹은 심지어 메시지를 저해하기까지 하는 이런 장면을 김기영이 넣은 이유는 무엇인지 짚고 넘어갈 만하다. 먼저 정치적인 동기를 생각해 보자. 구태여 앞에서 설명하지 않았지만, 김기영이 연출한 연극 〈악로〉의 마지막에는 남주인공이 도끼로 여주인공을 내려치는 순간 원작에 없는 다음의 대사: "너를 쳐 죽이고 싶지만 남의 도끼로는 죽일 수 없구나"가 삽입되었고, "당시 미소(美蘇)의 조국 분점을 풍자, 자주자립의 의지를 표출하여 만장의 갈채를 받"았다고 한다.49 김기영은 "남의 도끼", 달리 말하면 미군정의 원조를 탐탁지 않게 생각해서 일종의 사보타주를 한 게 아닐까? 그렇지만 당대

---

* 김한상은 〈하녀〉 이후에 김기영이 표현주의에 가까운 양식으로 기울었다는 전제에서 후일의 작가적 인장signature을 이 시기에 투사하는 것에 조심스러웠다. 그러나 앞에서 보았듯 연극에서부터 김기영이 "표현파"로 불렸음을 고려하면, 이와 같은 양식은 징조라기보다 당연한 연속이다. 김한상, 〈냉전체제와 내셔널 시네마의 혼종적 원천〉,《영화연구》47호, 한국영화학회, 2011, 98~99쪽 참조.

에 탁치(橐馳)에 대한 견해는 자주자립보다도 진영의 문제: 반탁이 반공의 문제로 소화되었거니와 김기영이 우익(右翼)이었던 점을 고려하면—'국대안 파동'을 염두에 두면 '국립대학극장'이라는 용어 자체가 미군정에 친화적인 정치성을 내포하고 있다.—이런 추정은 설득력이 떨어진다. 그렇다면 눈에 보이는 사실밖에 믿을 수 없다. 금화에서 겪은 유년기, 프로이트의 학설…. 김기영은 재건의 메시지를 전달할 때조차 (희곡 〈악로〉와 〈유령〉이 결론에서 그러했듯) 파국의 상황에 더 끌리고 있었다.

〈양산도〉
그리고 리얼리즘 경향기?

미 공보부를 나와 처음 만든 〈양산도〉(1955)는 오랜 기간 '통속영화'로 김기영의 필모그래피에서 중요하지 않은 작품으로 다뤄졌다. 그렇지만 1990년대부터 〈양산도〉는 김기영의 "'대표작'의 단서"를 찾을 수 있을 수 있는 작품으로 소소하게 재평가되었다.[50] 〈양산도〉는 한눈에 보아도 〈하녀〉를 비롯한 김기영의 대표작들과 비슷한 영화다. 비록 영화화되지는 못했지만 김기영이 동명의 영화를 1972년, 1989년에 다시 만들려고 했던 터, 김기영은 〈양산도〉를 아주 중요하게 생각했던 것 같다.

〈양산도〉는 하층민-수동과 옥랑의 사랑을 양반/상류층-무령이 훼방을 놓아 결과적으로는 수동과 옥랑이 모두 죽음에 이르는 이야기다. 이러한 인물관계만 보면 흡사 설화에 빗대어 양반으로 대표되는 권력 집단을 김기영이 그려 낸 것으로도 보일 수 있다. 그러나 〈양산도〉의 주제는 "김 진사: 노루 피는 보약이야. 그러나 양기가 지나치면 제 명을 제가 재촉하게 되느니라"의 대사를 통해 압축적으로 표현한다. 〈양산도〉의 주제는 성욕과 그로 인한 파멸이다. 이는 삼각관계를 이루는 수동과 무령이 어떤 마음으로 옥랑을 추구하는지 살펴보면 분명하다.

수동이 옥랑을 추구하는 이유는 영화 초반 닭장 밀회 장면에서 드러난다. 두 사람의 밀회 전, 수동이 옥랑을 만나러 가는 길에는 수동이 닭과 오리의 무리를 보는 장면이 배치되어 있다. 이 장면은 닭장에서 수동과 옥랑이 나누는 대사를 예비한다.

수동: 옥랑이도 이쁜 애기 많이 낳아 봐.
옥랑: 내가 암탉인가? 이렇게 많이 낳게.
수동: 난 병아리가 귀여워 죽겠어.

선행 숏에서 포착된 가금류 무리와 출산, 그중에서도 다산을 암시하는 대화는 수동이 옥랑을 출산하는 존재로 파악하고 있음을 보여 준다. 직후 계곡에서 관계를 나눈 후의 대사, "옥

사진 9 　　　　　　　　　　사진 10

랑: 개미가 물어서 따가워 죽겠어/수동: 음, 보나마나 수개미
지"에서도 수동은 옥랑을 '암컷', 즉 새끼를 배는 존재로 인식
한다.

　　김 진사 : 서울에선 과거보다 여색을 가까이했다면서.
　　무령 : 아닙니다. 활쏘기로 과녁만 맞췄습니다.
　　김 진사 : 시골선 딴생각하면 못 쏜다.
　　무령 : 네, 그저 과녁만 쏴 맞추겠습니다.

　무령이 옥랑을 추구하는 이유는 직접 제시된다. 인용한 대
사에서 김 진사가 추궁하듯, 무령은 서울에서 여색을 가까이
했다. 김 진사의 추궁에 무령은 "활쏘기로 과녁만 맞췄습니다"
라며 활을 쏘는 자세를 취하는데, 이때 활이 겨누는 대상은 사

사진 11   사진 12

진에서 볼 수 있듯 그의 여종이다. 무령이 처음 등장하는 이 장면은 그가 옥랑을 발견하는 다음 장면으로 이어진다. 무령은 옥랑을 보고 "과연 시골 달도 이쁘구나"라고 이야기한 후 옥랑의 집을 향해 화살을 쏜다. 무령이 여색을 활쏘기로 둘러말했던 바, 무령은 옥랑을 여색의 대상으로 인식한다.

이러한 맥락에서 수동과 무령의 갈등은 정욕에 근거한 재생산 투쟁이라고 할 수 있다. 평민이며 빈궁한 수동과 양반이며 부유한 무령의 갈등은 무령의 승리로 이어진다. 수동은 무령에게 옥랑을 빼앗기고 자살한다. 그런데 수동이 옥랑을 추구한 배경이 재생산에 대한 욕구였음을 고려하면, 수동의 자살 장면의 숏 구성은 살펴볼 만하다. **사진 13**에서 볼 수 있듯, 자살한 수동의 주검 숏과 함께 배치되는 것은 앞서 다산을 상징하는 동물로 의미화된 닭이다. 이 장면은 수동의 죽음 자체가 정욕에서 말미암았음을 넌지시 암시한다.

〈양산도〉를 연출한 이후 김기영은 〈봉선화〉(1956), 〈여성전선〉(1957), 〈황혼열차〉(1957), 〈초설〉(1958), 〈슬픈 목가〉(1959), 〈10대의 반항〉(1959)을 연출했다. 이 여섯 편의 영화 중 〈봉선화〉

사진 13

만 20분 분량의 불완전한 필름이 남아 있고, 나머지 다섯 편은 현재 모두 유실되었다. 그러므로 1956~1960년 김기영 영화의 실제는 비평과 리뷰를 통한 2차 자료에 의존하여 추정할 수밖에 없다.

이영일, 김수남 등의 연구자가 정리한 바에 따르면, 김기영은 〈양산도〉와 비슷한 〈봉선화〉를 찍은 후에, 네오리얼리즘 neorealism에 가까운 영화를 찍었다고 한다. 네오리얼리즘을 아주 단순화하여 "삶의 단면을 영사해야 하며 일상생활로 시작해서 일상생활에서 끝나는 것처럼" 보이게 함으로써 "현실을 얻기 위해 노력"하는 양식이라고 한다면,[51] 이는 지금껏 살펴본 김기영의 연극·영화와는 전혀 다른 양식이다. 기실 이 시기 김기영이 연출한 〈황혼열차〉, 〈초설〉, 〈슬픈 목가〉의 (김기영이 쓴 것은 아니지만) 시나리오는—그가 연극과 〈양산도〉에서는 결코 보이지 않았던—소위 '휴머니즘', 즉 아름다운 인간성을 찬

미하는 내용을 담고 있다. 바로 이전 〈양산도〉에서 정욕에 휘둘린 인간을 그렸던 것과 얼마나 다른가.

김기영이 어떤 이유에서 네오리얼리즘에 끌렸는지는 알 수 없다. 다만 전후 한국에서는—이 시기 한국에서 사용한 네오리얼리즘에는 진보적인 이념성이 배제되고 휴머니즘이 중심을 이루고 있었다—네오리얼리즘이 가장 예술적인 양식으로 여겨졌던 터, 김기영도 그러한 시대의 조류를 따랐던 것일 수도 있다.

그렇지만 김기영이 네오리얼리즘에 투철했는지는 의문이다. 이 시기 김기영의 대표작은 〈초설〉인데, 영화평론가 박영민은 〈초설〉을 두고 리얼리즘의 수단을 빌리기는 했지만 "인간 심리의 적나라한 양상을 독특한 수법으로 묘사해 내려는 연출자의 의도는 뚜렷하다 할 수 있으나 요컨대 주체성의 표현 과다로 소기의 목적을 생산해 내지 못하고 만 것이 아닌가? 다시 말하자면 자기도취에의 세계에서 탈피 못하고 있는 것이 아닌가?"라고 의문을 제기했다.[52] 이는 기왕에 〈초설〉을 설명해 오던 네오리얼리즘의 장르적 특성과는 현격히 다르다. 소위, '김기영의 네오리얼리즘 영화'라고 여겨지는 작품에 대한 비평을 톺아보면 이런 경우를 종종 발견할 수 있다.

사회: 그럼 여기서 화제를 좀 돌려 김 감독께서 연출 면을 이야기해 주시지요.

김기영: 뭐 이야기랄 것두 없읍니다만, 어쨌든 저는 〈여성
전선〉 때두 그랬구 또 〈황혼열차〉 때두 그랬읍니다만
이번에도 〈오-규스트·스트린드베리이〉의 여성증오 감
정이 화면에 나타날 것 같아요.[53]

〈초설〉 좌담회에서 '연출'에 대한 논의는 인용한 문답이 전
부다. 그렇지만 김기영의 대답이 품고 있는 함의는 크다. 이 짧
은 대답은 ① 김기영이 〈여성전선〉, 〈황혼열차〉 그리고 〈초설〉
까지 일관된 연출을 하고 있었으며, ② 그와 같은 연출 양식이
아우구스트 스트린드베리August Strindberg가 여성증오 감정을
드러내는 방법에서 모티브를 얻었음을 함의한다. 그러므로 스
트린드베리의 극에서 여성증오 감정이 드러난 양상을 안다면
〈여성전선〉, 〈황혼열차〉, 〈초설〉의 연출 양상에 대한 단서를
얻을 수 있을 것이다.

스트린드베리는 유년 시절 오이디푸스 콤플렉스가 작품 세
계 전반에 여성증오로 나타난 작가다. 그는 '양성' 간의 갈등으
로 인해 "인간 존재의 사생활은 조화로울 수 없으며 영구적으
로 부조화"하다는 인식에서 "자연주의의 의사(疑似)과학적 의
사객관성"으로부터 "몽상적 주관주의"를 발전시켜 표현주의
의 선구적인 작가로 거명되곤 했다.[54] 즉, ① 스트린드베리의
여성증오 감정이 화면에 나타나는 방식은 비사실주의적이며,

② 김기영은 그로부터 〈여성전선〉, 〈황혼열차〉, 〈초설〉 연출의 모티프를 찾았다고 할 수 있다.

김기영은 한국에 수입된 네오리얼리즘—내용적으로는 휴머니즘, 형식적으로는 사실주의—에 투철하기는커녕 불화하는 것에 가까웠던 것이다.

이러한 맥락에서 1960년 김기영이 안수길의 소설 《부교》를 시나리오로 각색한 경위를 밝힌 글은 흥미롭다. 이 글에서 김기영은 "안이한 현실성을 배격하고 기복다단한 인생의 측면을 파헤쳐 보려는 필자의 의욕"에서 "나이 많은 음악가가 후배를 위해서 성공할 수 있는 다리, 즉 희망의 「부교」를 가설"해 주는 원작 소설의 이야기를 "젊은 사람이 선배를 이용해서 올라선다(출세한다)는 역행적인 스토리"로 각색했다고 밝혔다.[55] 즉, 이 시기 김기영은 타인을 돕는—휴머니즘적 주제—것을 "안이한 현실성"으로, 타인을 이용하여 출세하는 것을 "기복다단한 인생의 측면"으로 파악하고 있었다.

〈하녀〉가 개봉하기 반년 전의 이야기다. 이즈음 김기영은 신문을 열심히 보면서 친구들에게 휴머니즘이란 얼마나 안이한 것인가, 따지며 이렇게 말했을지도 모른다.

"이것 봐, 주인이 하녀를 데리고 살다가 사건이 생겼어."

3장

어느 부전자의 초상

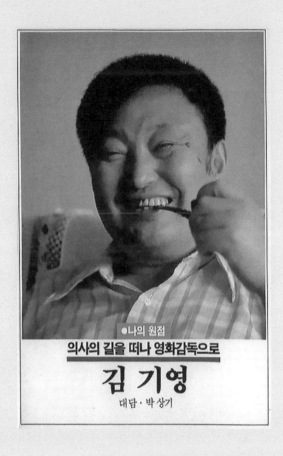

●나의 원점

의사의 길을 떠나 영화감독으로

김 기영

대담 · 박 상기

김기영, 하면 내가 떠올리는 이미지는 홀로 선, 헝클어진 머리, 불만 가득한 눈빛: 1981년 가을 충무로에서 육명심이 《예술가의 초상》연작의 일부로 촬영한 사진이다. 육명심은 적절한 장소와 결정적 순간을 찾기 위해 김기영을 이리저리 데리고 다니며 시간을 끌었다. "나는 이 사진을 찍을 때 의도적으로 시간을 끌 수 있을 때까지 끌었다."[56] 그 결과로 육명심은 얼굴을 조금 가리며 퍼져 나가는 연기, 벽면에 묻은 얼룩, 앞굽만 조금 걸쳐 둔 바닥의 웅덩이, 좌측 조금 갈라진 시멘트와 함께 김기영을 촬영할 수 있었다. 사진 아래 붙인 설명: "김 감독의 영화는 어둡고 칙칙하며 광기까지 발한다. 언젠가 귀신이 나온다는 흉가가 값싸게 매물로 나온 적이 있었다. 다들 꺼리는 그 집을 그는 대뜸 샀다"에 어울리는 연출이었다.[57] 사진 속 김기영은 신경질적인 표정으로, 칙칙한 곳에서 어둠에 슬쩍 걸쳐져 있다. 물론, 이런 요소는 김기영이 한국영화사에 기입된 방식을 반영한 것이다.

잡지《한국인》에는 김기영을 촬영한 다른 사진이 수록되어 있다. 비슷한 시기지만《예술가의 초상》과는 정반대의 느낌을 준다. 벽면의 얼룩과 바닥 웅덩이가 만드는 어둠과 담배 연기와 신경질적 표정이 만드는 복잡미묘함 따위는 이 사진에서 전혀 찾아볼 수 없다. 촬영자 권리주장의 근거가 되는 소위 '예술적' 조작도 전혀 찾아볼 수 없다. 이 사진 속 김기영의 모습은

낯설다.《예술가의 초상》과 달리, (내가 아는 한) 이 사진은 전혀 유통되지 않았다. 이미지 유통의 비대칭은, 사회인 김기영에 대한 정보의 비대칭과 유사하다. 호사가들은 "괴상한 펏션"*과 소문난 구두쇠 김기영**에 대해서는 떠들지만, "조수를 장가 보내기 위해 청첩장을" 돌릴 때 "아주 고급 와이샤스에다 말끔이" 입은,[58] 김용진의 아내 박정희의 유방암 입원비와 그들 딸의 대학 등록금을 전부 지불하는 자선가 김기영[59]은 기억하지 않는다.

　그 비대칭은 부분적으로 김기영 협잡의 결과였다. 김기영은 비밀스런 이미지를 (무)의식적으로 만들어 왔다. 그러나《예술가의 초상》의 실재성을 기각한다고, 곧잘《한국인》의 사진을 적절한 초상으로 승인할 수는 없다. 예술적 기획만큼이나 사회성도 적절한 표정을 짓도록 강제한다. 자연스러움, 연출… 물론 이들은 위태로운 관념이다.《예술가의 초상》이건, 김용진

---

* "죤 포오드가 한국에 왔을 때 (중략) 김기영 감독의 괴상한 펏션이 인상에 남는다. 부상한 팔을 붕대로 목에 걸고, 아무렇게나 자란 두발, 와이샤쓰 바람에 고무신을 끌고 나타났다." 이영일,《영화개론》, 1965, 323쪽.

** "김기영 감독 숙소로 가니까 고기 냄새가 확 나요. 그래 이상하다 해서 문을 탁 여니까 거기서 불고기를 꾸어서 먹는 거예요. (중략) 모든 스태프들은 열악한 환경에서도 좋은 영화를 만들자 뭉쳐서 지금도 고생하면서 반찬 없이 밥 먹어도 불평불만 없이 해 나가고 있고 설사 불만이 있더라도 내가 커버하면서 이렇게 했는데, 당신 같은 사람하고 일 못 하겠다. 그길로 보따리 싸서 서울로 올라와 버렸어." 이정아,《2017년도 한국영화사 구술채록연구 시리즈 〈생애사〉: 정일성》, 한국영상자료원, 2017, 155쪽.

소장 사진이건, 또 다른 사진이건, 보편타당한 초상은 존재할
수 없다. 그러나 감히 이야기해 보자면….

눈

1971년 출판된 《명화수첩》 부록이자 예술인들의 영화 수상
(隨想)을 담은 〈명화수상〉에는 김기영의 짧은 글 〈여정(旅程)〉
이 수록되어 있다. "중학 시절 악우(惡友)의 권고로 극장에 간
것을 시초로 영화에 속박된 것이 어느덧 일생을 영화에 속박당
하게 되었다"로 시작하는 이 글에서, 김기영은 두 편의 영화,
존 포드의 〈밀고자The Informer〉(1935)와 데이비드 린의 〈서머타
임Summertime〉(1955)〔수입 개봉명 '여정(旅情)'〕을 이야기한다.***
1959년 존 포드와 김기영이 만난 일화를 떠올리며 〈밀고자〉에
관심을 두겠지만, 김기영은 보란 듯 〈밀고자〉를 극장에서 "처
음 본 것"이라 언급하며 지나친다. 〈여정〉은 김기영이 〈서머타
임〉을 소개/비평하는 글이다. 김기영과 데이비드 린? 고개를
갸웃하겠지만, 우리는 금세 고개를 끄덕일 수 있다.

*** 김기영이 쓴 글 〈여정〉과 데이비드 린 영화 〈여정〉의 구분을 위해, 〈여정〉과 〈서
    머타임〉으로 표기했다.

"로사노를 만난 캐서린은 분노를 터뜨리고 정신적 피해에 대가를 물라고 한다. 로사노는 대답한다. '당신이 이태리에 온 목적이 뭐요. 늙어서 구라파에 재미를 보러 왔지요. 그 목적대로 날 만나 연애를 맛봤으면 그만이지 날 남편까지 삼을 욕심이요, 당신은 정신적 사랑을 나에게 구하고 얻었오. 나머지 육체적 사랑을 맛보시오. 그리고 미국으로 돌아가시오' 이 말에는 또 한 가지의 의미가 숨어 있다. 즉 영국인 감독답게 자기주장을 내세운 것이다. '추한 미국인이여. 구라파문명을 맛보는 데는 조금도 상관없으나 아예 구라파 문명을 정복하겠다든가 구라파를 자기 것으로 하겠다고는 생각 마라. 맛봤으면 돈이나 내고 돌아가라.' 캐서린은 그날 밤 호텔에서 무상으로 이태리 남자에게 몸을 제공하고 울면서 베니스를 떠나갔다. 영화 〈여정〉은 15년 전 세계가 냉전 속에 허덕이던 때의 산물이기도 하다."

〈여정〉은 소위 '성실한 독해' 기준에서 자격 미달이다. 〈서머타임〉에서, 로사노는 미국으로 돌아가지 말라고 캐서린을 붙잡는다. 이별을 고한 사람은 캐서린이다. 베니스를 떠나는 날 캐서린은 배웅을 거절했지만, 로사노가 꽃을 들고 플랫폼으로 뒤늦게 뛰어온다. 이미 출발한 기차에서 캐서린은 뛰어오는 로사노에게 손을 흔들며 눈물을 흘린다. 그것이 김기영이 적은 문장 "캐서린은 … 무상으로 이태리 남자에게 몸을 제공하고 울면서 베니스를 떠나갔다"에서 상상되는 눈물이 아님은 분명하다. 글 〈여정〉에는 스크린에 영사되었을 〈서머타임〉은 거의 남아 있지 않다. (로사노의 거짓말 같은) 아주 조금 남아 있는 요소를 바탕으로, 김기영은 〈서머타임〉을 새로이 상상한다.

〈서머타임〉은 1956년 3월 한국 개봉했다. 1955년 10월 〈양산도〉 개봉으로 본격적 상업영화 활동을 시작한 이후, 1956년 11월 제작사 '김기영프로덕션'를 만들고 차기작 〈봉선화〉가 개봉하기 이전, 이미 김기영은 〈서머타임〉을 오직 자기 세계관의 반영으로만 보고 있었다. 문명은 힘겨루기로, 연애는 섹스로 환원된다.

내가 의사 출신이고, 인체 해부도 많이 했고, 밖의 부스럼에 약을 바르는 것이 아니라, 속을 베어 가지고 째는 것이라고. 나는 진실을 보여 주려고, 숨은 것을 다 헤쳐 놓고, 해부학적으로 사실과 진실을 보여 주려고….

(지칭하는 많은 용어들, 이를테면 '전근대와 근대의 동거' 따위가 있지만) 1963년 한 평자가 〈고려장〉의 인간 무리에 붙인 말 "인간 동물원"으로, 김기영의 세계관은 압축된다. 인구 조절 문제에 대한 회의를 돌연 원시적 인간들의 투쟁으로 전환하는 〈고려

장〉처럼, 그는 언제든 '인간성'이나 그에 기반한 일련의 주의(-ism)들을 조소할 준비를 하고 있었다. "내 영화는 관념적이라던가, 그런 것이 얼마 없죠. 왜냐면 학생 시대부터 주의라는 것을 내가 상당히 혐오했으니깐."[60]

김기영의 시야는 렌즈 두 장으로 조정된다.

먼저 프로이트다. 프로이트는 문명을 강요된 타협이자 해소 불가능한 곤경으로 보았다. 인류가 생존을 보장하기 위해 문명을 만들었지만, 그 순간 문명이 불만을 지속시킨다.[61] 김기영 영화에서 계단은—계급의 차이, 신체의 물리적 기형성을 과시하기 전에—문명과 동물성의 근원적 불화가 낙차라는 행위로 물질화되는 장치다.

다른 배경은 한국전쟁이다. 나는 정성일처럼 〈하녀〉 해석의 알레고리로 한국전쟁을 늘어놓으려는 게 아니다. 전후(戰後) 좌우익 대립 상태에서 피아니스트라는 직업은 성립 불가능한 것이므로 환상의 결과이며, 딸의 마비된 다리는 서사로 승화되지 못한 전쟁 참상의 실제라는 우악스런 상상은,[62] 흥미롭긴 하지만 비평의 방법 차원에 이를 필요도 없이 간단히, 사료적 신뢰성 측면—김기영과 친근했던 정진우는 전중(戰中)에도 피아니스트로 활동했다—에서 기각할 수 있다. 이청준의 전짓불(〈소문의 벽〉), 박완서의 고개를 자꾸만 가로젓는 할머니(〈겨울나들이〉), 또는 전광용의 이인국(〈꺼삐딴 리〉), 손창섭의 봉수(〈생활적〉〉처럼, 한국전쟁은 이념의 진정성이 폐사하는 장소였다. 김수용은 김기영의 "영화적 사고나 스토리"의 근원으로 "피난 중 동료 직원의 부탁으로 임산부의 수술을 하게 되었는데 식염수의 사용 시간이 오버되어 태아가 해체되었다는 끔찍한 이야기"를 언급한 적이 있다.[63] 폭격 그리고 폭발음. 수술의 전등이 밝게 비쳐 눈이 부신데 돌연 해체되는 태아처럼 위선적 문명은—전쟁이라는 관념적—수술대 위에서 사망한다. 정성일이 다른 글 〈이 기형성, 이 불구성〉에서 탁월하게 짚었듯, 김기영은 "마비가 오면서 일어나는 신체 동작의 경련"에서 비애를 느끼지 않는다.[64] 은폐된 서사가 아니라, 이미지의 표면에 한국전쟁의 흔적이 존재한다. 〈양산도〉에서 화살을 맞고 죽어 가는 닭을 촬영하듯, 김기영은 죽어 가는 인간을 촬영한다. 그는 너무 가까이 보거나, 너무 멀리 본다.

(물론 이념성은 언제나 존재한다. 부인(否認)되는 이념성, 또는 자연화된 이념성과 친구 관계를 맺는 것은 우익이다. 김기영의 '의도성'을 좌파적으로 독해하는 논자들에게는 애석하겠지만, 김동순(金東純)은 한국전쟁 이후 의학계의 사상적 배경을 논의하며 김기영이 "대한민국의 아주 우익 쪽"에 속해 있다고 회고했다.[65] 또한, 몬도 마카브로 Mondo Macabro에서 출시한 〈살인나비를 쫓는 여자〉(1978) 서플먼트에서 정진우는 김기영을 "백색주의자"라고 일렀다.)

코

김기영 영화 속 인물들은 향을 맡지 않는다. 봉준호는 〈하녀〉 연작에 하나의 요소: 냄새를 더했다. "1호선 냄새"라고 말하는 순간 사회적 실재가 들끓었다면, 김기영 영화에는 그것이 없다.

입

연구와 비평, 짤막한 소개를 가리지 않고 책의 부제를 따라 '김기영 인터뷰集'으로 곧잘 인용되지만, 《24년간의 대화》는 김기영 사후(死後) 유지형이 그와의 대화를 기억해 옮긴 책이다. 기억장치도 없이 이뤄진 20여 년의 대화를 인터뷰 형식으로 기억할 수 있을까? 유지형은 그럴 수 있다고 한다. "우연히 충무로에서 만나 자장면을 함께 먹으며 내가 들었던 고귀한 감독님의 역사의 언어들이 고스란히 떠오르고 토씨 하나까지 선명하게 기억되는 것은 무슨 기적일까?"[66] 나는 기적을 믿지 않지만….

재밌는 게 있다. 서문 〈"24년간의 대화"를 옮기면서〉에서 유지형은 김기영이 "너 요즘도 이빨 잘 안 닦지? 그래 이빨 자주 닦지 마"라 말했음을 의미심장하게 받아들였다고 썼다. 유지형은 '이빨 닦지 마'를 화두("영원히 풀 수 없는 화두")이자, 책 출간 이후 죽은 김기영이 보낼 메시지("어느 날 나의 이메일에 감독님의 메시지가 뜰지도 모른다. '너 이빨 닦지 마 알았지?'")로 여겼다. 출처가 기억임에도 불구하고 유지형이 '김기영 인터뷰집'이라 부제를 달 수 있었던 이유가 여기에 있는지도 모르겠다. 소명? 유지형은 "이빨 닦지 마"가 자기에게 계시로 놓여 있다고 생각했던 것 같다. 기적, 소명, 계시. 기억의 내면성을 극복하는 외부성이 존재했던 것이다.

그렇지만⋯ 김기영이 정말로 이빨을 안 닦았다면? 1985년 1월 8일《매일경제》의 연예 소식 기사에는 연예계의 남다른 습관, 기벽의 일례로 김기영이 소개되었다. "영화감독 김기영씨는 칫솔질을 잘 안 하기로 유명해 동료 및 집안 식구들로부터 자주 핀잔을 듣는다는 것. 더구나 김 감독은 아내와 딸·사위까지 모두 치과 개업의이며 자신도 서울대 치대 출신이면서 칫솔질을 싫어해 주위 사람들이 고개를 갸우뚱하게 하고 있다." 1985년의 김기영은 1960~70년대 거장(巨匠)의 위치로부터 멀어져 있었다. 1990년대 중반부터 시작될 재발견의 흐름 또한 미래의 일이었다. 1980년대 저널리즘은 김기영을 아우라 없이 읽을 수 있는 거리를 갖고 있었다.

김기영은 정말로 이빨을 닦지 않은 것 같다. 그런데 왜? (속

충치가 없는
입술놀림은
향기를 듬북
옮겨줍니다.

김기영이 쓴 김유봉 치과의원의 연하장.

류 프로이디언Freudian 김기영이 칫솔을 남근으로, 양치질을 오럴 섹스로 상상했던 것은 아닐까 의심한 적이 있다.)

한국영화사는 김기영을 기인 또는 괴물, 곧 예외적·자율적 존재로 서술해 왔다. 1990년대 김기영이 재발견된 계기 또한 리얼리즘 일변도의 한국영화 사이로 거나하게 발딱 선, 그의 자율적 작가성이었다.

다만 이빨에 한해서, 그는 좀처럼 자유롭지 못했다. 양치를 하지 말라고 이야기하고 다니는 중에도 김기영은 아내의 병원: 김유봉 치과의원 명의로 발송하는 연하장에 그림을 그리고 문구를 썼다. 김기영은 아내를 도와야 했다. "저야말로 독립영화의 시초가 됩니다. 다른 제작사나 다른 자본가에게 절대 타협하지 않고, 내 용돈을 가지고 내 영화를 만드는 것이지요." 김기영은 아내 김유봉에게 용돈을 받아 영화를 만들었다. 제작사·자본가로부터는 독립적이었지만, 아내에게는 종속되었다. 1997년 도쿄 아카사카 국제교류 포럼회장에서 〈하녀〉를 상영한 후 한 관객이 김기영에게 "여성을 어떻게 생각하는가?"라고 물었다. 그때 김기영은 "여자에게는 못 당하겠다고 생각합니다"라고 대답했다.[67]

극단적으로 요약하면, 〈하녀〉 연작은 남편이 하녀에 대한 성적 방종으로 경제 주권을 갖고 있는 아내를 괴롭히는 이야기다. 박탈당한 가부장의 권리를 애꿎은 방법으로 보상하는 것이다. 김기영의 아내 김유봉은 김기영의 영화를 5분만 봐도 "버린 돈 생각"을 하며 울었다고 한다.[68] 김기영의 영화제작-경제적 방종은 김유봉을 울린다. 그러므로 도식: 남편-○○-아내. ○○을 통해 남편은 아내를 괴롭힌다. 하녀, 영화, 그리고 이빨.

> 남편-하녀-아내 : 남편은 하녀에 대한 성적 방종으로 경제 주권 갖고 있는 아내를 괴롭힌다.
> 남편-영화-아내 : 김유봉은 김기영 영화를 5분만 봐도 "버린 돈 생각" 하며 울었다고 한다.
> 남편-이빨-아내 : 치과의사 아내를 뒀지만, 김기영은 양치를 하지 않고 하지 말라고 하고 다닌다.

김기영이 이빨을 닦지 않고 버티는 장면을 상상한다. 완고하게 입을 다문 김기영이 앉아 있다. 누군가. 이빨 닦으세요. 세균 활동은 금세 시작해요. 바로 좀 닦으세요, 수차례 반복한 말이 다시 들린다. 물론 그는 곧 양치할 것이다. 하지만 잠깐 버틸 것이다. 김기영의 작가성은 여기, 잠깐 버티는 순간 존재한다. 거세 직전의 작가성으로.

어느 부전자의 초상

김기영과 김유봉.

4장
문이 여러 개인 집

가장 무서운 공익광고

〈하녀〉의 마지막 대사, 동식은 카메라를 바라보며 객석의 "선생"들에게 경고를 한다. "남자란 나이가 많을수록 젊은 여자를 놓고 생각하는 시간이 많아집니다. 하하… 그러니까 여자한테 걸려들기도 쉽고 때에 따라서는 패가망신하는 수도 있죠."[69] 에디 뮬러Eddie Muller는 이 결말을 거론하며 김기영의 미 공보부 이력을 염두에 두고 〈하녀〉를 "지금껏 만들어진 가장 무서운 공익광고"라고 소개했다. 생각해 보면 '집에서 따라하지 마시오(don't try this at home)'로 끝을 맺는 전형적인 공익광고와 〈하녀〉의 마지막은 퍽 들어맞는다. 그렇지만—어두운 뒷골목noir alley을 진행하는—에디 뮬러의 강조점은 공익광고가 아니라 '가장 무서운'일 터, 〈하녀〉를 보고 관객은 무언가 교정된다는 감각보다 불안이나 변태적 희열을 느낀다. 비슷한 마무리지만 효과가 아주 다르다. 이 문제에 천착하며 〈하녀〉의 소묘를 시작해 보자.

먼저 인상적인 증례. 1962년 〈하녀〉가 텔레비전에서 방영된 이후 일어난 사건이다. 오늘날 우리가 흔히 사용하는 '안방극장'이란 숙어는 매 주말 극영화를 텔레비전으로 방영하는 프로그램 〈KBS 씨네마〉와 관련되어 있다. '안방극장'이란 숙어가 환기하듯, 시청자들은 가정적인 분위기에서 〈KBS 씨네마〉를 즐겨 왔는데, 〈하녀〉가 방영되자 그 분위기는 와해되었다. 이

하는 당시 신문에 실린 〈KBS 씨네마〉에서 〈하녀〉를 본 시청자들의 반응이다.

고교 교사 = 어린이에게 보여야 될 프로, 보여서는 안 될 프로가 있다지만 같이 본 집안 식구끼리 〈하녀〉 이야기가 오고 갔을 때 대답이 궁할 지경이었다. 낙태, 칼질, 독살을 보여 주면서까지 교육시킬 이유가 있었을까. 한 가정주부 = 공연히 얼굴이 붉어졌다. 대개의 경우 식모는 물론 온 가족이 영화를 즐기지만 〈하녀〉의 경우 주인이 없는 사이에 보고 난 다음 일하는 아이의 얼굴을 다시 보게 될 정도로 지나친 신경을 쓰게 된 셈이다. 끊고 싶었으나 끊으면 도리어 거북할까 봐 여러 번 망설였다.[70]

문제작이라거나 전위적이라는 그럴듯한 명찰을 붙인 평자들보다 시청자들의 반응이 〈하녀〉의 효과를 훨씬 진솔하게 보여 준다. 그들의 반응을 조합하면 〈하녀〉는 낙태·칼질·독살이 펼쳐지며, 공연히 얼굴을 붉게 만드는, 거북하고, 보여서는 안 될 영화다. 그리하여 고교 교사는 식구끼리 대화가 궁해지고, 가정주부는 주인과 식모를 이전과 같은 시선으로 바라볼 수 없게 되었다. 동식의 경고보다 그에 앞선 난폭한 사건들만이 충격으로 남아 "안방극장에 탈선"이 일어난 것이다.[71]

공교롭게도 에디 뮬러가 공익광고를 거론한 것처럼, 고교 교사 또한 "…을 보여 주면서까지 교육시킬 이유가 있었을까"라고 한 점은 특기할 만하다. 에디 뮬러는 '가장 무서운'으로, 고교 교사는 '-이유가 있었을까'로 즉각 거리를 두거나 부인하지만, 그들이 거론을 했다는 것은 〈하녀〉를 보며 은연중에 공익광고/교육체제를 떠올렸다는 말이다.

〈하녀〉의 액자 구조는 공익광고/교육에서 흔히 사용하는 부정적 사례→경고로 이루어진 소위, '교정적 서사'와 닮았다. 액자 안(이하 '내화(內話)')은 부정적 사례고, 마지막 액자 바깥(이하 '외화(外話)') 동식의 교설은 경고에 해당한다. 그런데 교정력은 단지 배치만으로 발휘되는 게 아니다. 서사가 교정력을 발휘하기 위해서는 경고가 부정적 사례를 논리와 강도로 극복하고 소화해야 한다. 그러지 못하면 시청자는 부정적 사례에 매달리거나(너무 잔인한 반공영화를 보고 매일 악몽을 꾸는 아이) 심지어 매혹된다(담배를 너무 맛있게 피우는 사람이 나오는 금연 광고).

유사한 뼈대를 갖추긴 했지만 〈하녀〉의 교정력은 전무하다. 부정적 사례—치정·유아 살해·낙태·독약—가 너무 강렬하거니와 그것을 극복해야 할 경고도 전혀 합당하지 않다. 기실 진중함이라고는 찾아볼 수 없는 동식의 교설은 경고라기보다는 조소로 가득한 예견에 가깝다. "선생도 그렇고 아니라고 고개를 흔드는 선생도 매한가지요." 교정적 서사의 뼈대를 불손하게 빌려 왔기 때문에, 〈하녀〉의 조소-예견이 더 큰 효과를 발휘하는 것도 같다. 〈하녀〉는 마치 이렇게 말하는 것 같다. '제가 하지 말라고 해도, 어차피 하시게 될 거예요. 그리고 당신, 조금 즐기지 않았나요?'

〈하녀〉는 관객의 효과를 다소간 예상하고 있었다. '한 가정주부'가 〈하녀〉를 보고 주인과 식모의 관계를 신경 쓰게 된 것처럼, 부인도 신문을 보고 하녀를 위협의 대상으로 간주한다. "그만둬라. 내가 하마. 이 집에 젊은 하녀를 둔 것이 아마 범의 입에 날고기인가 보다." (공익광고라면) 행동을 삼가야 할 동식은 하녀에게 담배 연기를 내뿜으며 의기양양하고, 부인만 불안에 시달리게 된다.

〈하녀〉는 이런 효과를 예상했을 뿐만 아니라 의도한 것도 같다. 구체적인 시공간의 표지가 없고 시계가 빼곡하지만(**사진 15** 배경 참조), 가족 식탁이 없는 〈하녀〉의 집은 한편으로는 실제와 너무 먼 무시간적 가상공간처럼 보인다. 무시간적 가상공간의 동식이 "매한가지"라며 부정적 사례의 반복을 예견할 때, 시간의 전과 후를 전제하는 교정이라는 개념은 성립되지 않는다. 그리고 〈하녀〉는 내화가 끝나자마자 마치 그로부터 튀어나오듯 하녀가 등장하는 것(**사진 16**)처럼 '부정적 사례'가 소화되기를 바라지 않는 것 같다. 하녀가 영화 속의 허구와 현실의 경계를 깨트리며 등장하여 부인의 불안으로 육화(사실 하녀는 이미 부인

사진 14

사진 15

사진 16

의 불안의 대상이었지만…)하듯, 〈하녀〉도 허구와 현실의 경계를 깨트리고 자신의 세계를 전염시키고자 한다.

흔히들 〈하녀〉가 동식과 부인이 신문 기사를 읽으며 시작해서 동식이 객석을 향해 경고를 하며 끝난다고 하지만, 엄밀히 말하면 이는 틀렸다. 〈하녀〉는 카메라가 집으로 들어가는 것(사진 14)으로 시작해서 카메라가 동식-부인의 집 바깥으로 나가는 것(사진 20)으로 끝난다. 비와 같은 자연현상을 통제해야 하므로 실외 촬영은 실내 촬영과는 다른 별도의 준비가 필요하다. 그러므로 비록 숏 안에 담겨 있는 이야기가 희박할지라도 〈하녀〉가 카메라를 집 바깥에 뒀던 데는 필연적인 목표가 있다. 문으로 가두고 있던 〈하녀〉의 세계를 바깥으로 내보내기 위해서다. 다시 한 번 **사진 17** 숏을 꼼꼼히 살펴보자. **사진 17**은 시간이 감에 따라 **사진 18, 사진 19, 사진 20**으로 변모한다. 이 숏은 영화와 현실의 경계를 교과서적으로 깬다. 소위, '제4의 벽'을 깨는 동식은 자신이 연극적 공간의 내부에 있는 인물임을 인지하고(사진 18), 방수포를 덮어 둔 카메라가 창문에 반사되어 우리에게 너무나도 잘 보이는바, 그 연극적 공간을 전달하는 매체가 영화임도 잘 알고 있다(사진 19). 이렇게 규약—가상 세계의 인물은 자신이 가상 세계에 있는지 몰라야 한다—을 깨고 스스로가 가상적 세계에 현존하고 있음을 인지한 동식은 소아마비의 기색 없이 자연스레 일어나는 애순과 함께 영화가 끝이 나는데도 창문을

사진 17

사진 18

사진 19

사진 20

열고 나오고 있다. 이 순간, 동식을 비롯한 〈하녀〉의 세계는 영화가 회수할 수 없는 존재로 방출되었다. 〈하녀〉는 물론 현실을 잘 파악했겠지만, 동시에 현실을 구성했다. 그리하여 김기영을 비롯한 한국의 감독들은 〈하녀〉를 여러 차례 다시 찍게 된다.

1990년대 김기영은 자신의 영화를 "부은 부스럼을 바깥에서 약을 바르고 만지는 것이 아니라 찢어서 속을 보여 주는 형식"이라고 소개한 적 있다.[72] 〈하녀〉로부터 그다지 멀지 않은 1963년에는 "인간의 본능을 해부하면 검은 피가 나온다. 그것이 욕망이다"라는 말을 한 적 있다.[73] 김기영은 절개할 뿐 봉합하지 않는다. 절개부에서 흘러나오는 욕망이란 이름의 검은 피가 영화 바깥으로 흘러나가기 시작한다.

누구의 상상인가?

장대비 내리는 어느 날이다. 방 안에는 부부와 실뜨기를 하는 두 아이가 있다. 남편이 읽고 있던 신문을 내려놓고 부인에게 말한다. 〈하녀〉의 첫 번째 대사다. "이것 봐, 김천에서 주인이 하녀를 데리고 살다가 사건이 생겼어." 바느질을 하는 부인이 답한다. "남자란 치사해요. 하녀 따위에 흥미를 가져요?" 동식은 담배에 불을 붙이며 창 쪽으로 천천히 걸어가며 반론한

다. "난 그렇게 생각 안 해. 우리 부부 생활을 봐도 절반은 하녀에게 맡기고 있거든. 식성을 맞춰서 요리를 만들어 주고, 체취를 밴 옷을 빨아 주고, 회사에서 돌아오면 현관에서 맞아 주고." 어느새 창 앞에 이른 동식은 부인을 돌아보며 "언제나 하녀를 손 닿을 곳에 놓아 두고 있단 말이야." 부인은 남편을 매섭게 노려보며 말한다. "여보세요. 신성한 가정에서 그런 말과 행동은 안 했으면 좋겠어요." 그리고 동식이 놓고 간 신문을 읽기 시작한다. 카메라는 두 아이의 실뜨기를 비추고, 이윽고 오프닝 타이틀이 나오고 내화로 돌입한다.

관객의 관심을 끄는 어떤 사건도 아직 일어나지 않았기 때문에 이 도입은 눈길을 끌지 않는다. 그렇지만 도입에서 이미 이야기는 시작되어 있다. 시간예술인 영화의 특성상 지나가 버리기 때문에 놓치기 쉽지만, 동식과 부인의 대화를 앞 문단처럼 글로 옮기고 읽어 보면 은은한 위화감이 느껴진다. 위화감을 조성하는 건 부인이다. 하녀가 연루된 사건에 흥미를 가지는 게 치사할 일인가? 하녀의 역할이 적지 않으므로 흥미를 가질 만하다는 말이 가정에서 못 할 말인가? 동식이 하녀라는 단어를 입에 올리는 것 자체에 과민 반응을 하는 부인은 일종의 불안망상을 갖고 있는 것 같다. 그러나 이런 결론은 성급하다. 부인의 불안망상에 근거가 있다고 가정할 수는 없을까?

가정할 수 있다. 사실 동식의 대사도 꼼꼼히 들으면 이상하다. 동식은 하녀에게 맡기고 있는 것을 가정생활이 아니라 "부부 생활"이라 표현한다. 그리고 그 "부부 생활"에는 청소와 요리 같은 가사 노동뿐만 아니라 현관에서 맞아 주는 은근한 감정적 교류가 포함된다. 그러므로 하필 동식이 부인을 돌아보면서 하녀를 "손 닿을 곳에" 놔두고 있다고 말을 할 때, 동식은 은근히 하녀와 육체적 관계를 맺고 있다고 도발하고 있는 것이다. 이런 은근한 표현에 매섭게 반응하는 것으로 미루어 어쩌면 부인도 그 사실을 눈치채고 있는지도 모르겠다.

영화 전체로는 1분 남짓의 시간이지만, 이 부분의 뉘앙스를 파악하는 건 중요하다. 왜냐하면 〈하녀〉의 대부분을 차지할 내화가 실은 누군가의 상상을 경유해서 구성된 내러티브적 시점이기 때문이다. 이런 정황은 쉽게 찾을 수 있다. 널리 알려진 〈유주얼 서스펙트The Usual Suspects〉(브라이언 싱어, 1995)에서 버벌의 가짜 진술에 등장하는 이름들이 모두 수사실 안에 존재했던 것처럼, 거실에는 이미 내화에서 중요한 역할을 할 요소들—가족들, 식사, 피아노—이 대부분 마련되어 있다. 가장 명확한 표지는 창순과 애순의 실뜨기에서 공장 방직기로의 매치컷match cut이다. 동식과 경희 그리고 곽선영이 근무하는 공장이 어떤 공장이어도 괜찮거니와 아예 '어떤' 공장임을 설정하지 않아도 무관할 터, 굳이 방직기를 보여 줄 이유를 내화에서는 찾을 수 없다. 그럼에도 〈하녀〉에서 방직기를 보여 줘야 했던 이유는 단 하나, 내화의 '방직공장'이 외화의 '실뜨기'에서 연상되었다는 점을 보여 주기 위해서뿐이다. (이런 상황을 상상해 보면 되겠다. 부인: 당신이 공장에서 피아노 강습을 한다고 쳐요. 그 공장은〔실뜨기를 물끄러미 보며〕방직공장이에요….)

잠깐 외화와 내화를 연결하는 매개를 더 살펴보기 전에 사실관계를 하나 검토하자. 상술했듯 영화 자체가 이미 〈하녀〉의 내화를 외화의 관점에서 보도록 유도하고 있음에도 불구하고, 지금껏 ① 검열을 의식해서 혹은 ② 지방 배급업자의 요청으로 외화가 급조되었다는 설이 있다. 이러한 설이 옳다면 (물론 감상자의 입장에서는 감독의 의도가 별로 중요한 것도 아니거니와 오직 비치는 화면에만 집중하는 게 바람직하겠지만) 외화는 감독의 의도와는 무관한 잉여로 눙칠 수 있다. 그렇지만 이런 설은 별로 설득력이 없다. 〈하녀〉는 1960년 6월 중순에 제작 중이라는 소식이 공개되어,[74] 10월 중순부터 스틸컷과 함께 홍보되며, 10월 28

 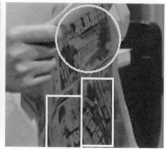

사진 23   사진 24 _ 사진 23의 확대

일 문교부에 상영 신고를 했고,[75] 11월 3일에 개봉했다. 앞의 두
설이 설득력을 지니려면 최소한 영화의 1차적인 완성이나 시사
이후에 외화가 '급조'되었어야 마땅하므로 외화의 촬영 시점은
10월 혹은 일러도 9월 정도여야 한다. 비록 촬영 일지가 남아
있지 않아 〈하녀〉의 각 장면들이 언제 촬영되었는지를 정확히
알 수는 없지만, 추정컨대 외화의 촬영 시기는 7월 초순이다.

이를 뒷받침하는 증거는 영화에 등장하는 다양한 소도구
중 특정한 시간을 가장 구체적으로 표시하는: 신문이다. 이들
이 읽고 있는 신문(사진 23)은 《연합신문(聯合新聞)》인데, 공교롭
게도 1960년 7월 11일부터 《연합신문》은 그 제호를 《서울연합
신문》으로 바꿔 발행했다.[76] 한편 **사진 23**을 확대(사진 24)하면 해
당 신문에 실린 〈제5전선〉(둘리오 콜레티, 1956), 〈젊은 설계도〉(유
두연, 1960), 〈어느 여교사의 수기〉(최훈, 1960)의 홍보자료를 확

사진 25_ 〈제5전선〉 신문광고 《경향신문》 1960년 7월 7일자 4면)

사진 26_ 〈젊은 설계도〉 신문광고 《조선일보》 1960년 7월 5일자 석간 2면)

사진 27_ 〈어느 여교사의 수기〉 신문광고 《경향신문》 1960년 7월 8일자 조간 4면)

인할 수 있는데, 저 홍보자료들은 모두 영화의 7월 상영을 광고하고 있다(사진 25, 사진 26, 사진 27). 즉, 외화에 사용한 저 신문은 1960년 7월 1일부터 11일 사이에 발행된 것이다. 촬영을 할 때 과거의 신문을 사용했을 가능성도 있기는 하지만 장면을 '급조'해야 하는 시점에서—일 단위의 정보 소비재이므로 구태여 보관할 이유도 없거니와 영화 내에서도 특정 일자의 신문이 아니라 추상적인 '신문'의 기능만을 하면 되는 상황에서—구태여 과거의 신문을 갖고 와야 할 필연성은 매우 희박하다. 그러므로 외화는 급조된 게 아니라 〈하녀〉 촬영 초기부터 분명한 의도를 갖고 기획된 것으로 보는 게 타당하다.

영화 안으로 돌아오자. 아무튼, 그렇다면 〈하녀〉의 내화는 누구의 상상인가? 부인이 신문을 들고 내려놓는 게 내화의 입구(사진 21)와 출구(사진 22)가 되듯, 내화는 우선 부인의 상상이다. 외화에서 동식과 하녀의 관계에 대한 과민한 반응이 우선 내화의 서사를 구축한다. (의부증의 서사: 피아노 교사 노릇을 하면서 외도를 하고 있는 거 아니야?) 그런데 내화가 오직 부인만의 상상이라고 할 수 있을까? 아주 드물지만 〈하녀〉에는 두 사람: 동식(사진 28, 사진 29)과 하녀(사진 30)의 (관객과 영화 인물 간의 가장 명시적인 동일시 장치인) 시점숏도 포함되어 있다. 부인이 신문을 접었을 때 동식과 대화를 나누고 있었고 (마치 이야기를 엿듣고 있던 듯, 내화가 끝나자마자 출현하는) 하녀는 그 대화를 엿듣고 있었을

사진 28

사진 29

사진 30

97

테다. 이러한 맥락에서 〈하녀〉의 내화는 부인의 상상이 기반을 이루지만 또한 동식과 하녀의 상상도 중첩된 게 아닐까?

그 또한 한국영화의 걸작인 〈로맨스 빠빠〉(신상옥, 1960)의 한 장면에 빗대어 다시 한 번 설명해 보자. 〈로맨스 빠빠〉에는 가족이 모여 장남의 시나리오를 번갈아 상상으로 연출하는 장면이 있다. 이 장면에는 외화의 서술자 한 명이 내화의 연출자가 되는 논리가 있다. 장남이 낭독할 때는 도회적인 방식으로(사진 31, 사진 32), 아버지가 낭독할 때는 신파적인 방식으로(사진 33, 사진 34), 삼강오륜 운운한 어머니가 낭독할 때는 사극의 방식으로(사진 35, 사진 36) 낭독하는 사람이 바뀔 때마다 상상의 연출이 바뀐다.

이와 달리 〈하녀〉는 외화에서 신문 기사를 읽고 듣고 있는 부인, 동식, 하녀 세 명이 하나의 내화를 뒤죽박죽 연출하고 있는 건 아닐까? 인터뷰를 읽어 보면, 김기영은 이러한 시점의 혼재─내화를 조직하는 내러티브적 시점의 다중화─를 다소간 의도했던 것 같다. 가령 김기영은 여러 차례 인터뷰에서 〈하녀〉에 동일시한 부인들의 일화를 이야기한 바 있다. "〈하녀〉는 시대의 상황이 반영된 영화다. … 그때의 관객 반응을 보면 알 수 있다. 영화를 보러 온 부인들이 가정부 때문에 얼마나 골치가 아팠던지 영화를 보고 마구 일어나서 '저년 죽어라!' 고함을 지르기도 했다."[77] 동시에 한 인터뷰에서는 〈하녀〉에 당시의 하녀들이 동일시하기를 의도했다고 밝힌 바 있다. "중산층 가

사진 31

사진 32

사진 33

사진 34

사진 35

사진 36

정에 들어온 하녀가 가정의 위협이 된다는 설정은 상경한 여성들에게 쾌감을 줄 수 있지 않을까라고 생각했다."[78]

김기영이 〈하녀〉를 제작도 했던바, 이러한 설정에는 상업적인 효용도 있다. 19세기 전 세계로 파견된 뤼미에르의 촬영기사들은 어떤 도시에 도착하면 가장 많은 사람들이 다니는 광장을 카메라로 기록했고, 밤이 되면 광장의 사람들이 스크린에 나타난 자신을 보기 위해 극장을 찾았다고 한다. 요컨대 촬영기사들은 "결코 무시할 수 없는 산술적 시점"을 찾았다.[79] 관객들이 영화 속에서 자신을 발견하길 바랐고 초기 영화에서는 구체적으로 노출된 나의 모습을 찾았다면, 서사가 확보된 후의 극영화에서 관객 개개인은 자신들의 사회적 경험과 동일시할 수 있는 인물을 발견하길 바랐을 터, "산술적"인 결과가 〈하녀〉의 세 가지 시점의 혼재일 수도 있다.

1960년 11월 《동아일보》에 실린 〈하녀〉의 광고(사진 37)는 시점의 혼재가 의도적이고 상업적 효용이 있었음을 잘 보여 준다. 영화 속 동식·부인·하녀와 유사한 사회적 경험을 갖고 있을 남성 회사원·가정주부·하녀의 감상평이 기재되어 있는 이 광고는, 각 부류의 사람들이 모두 영화를 보며 공감하면서 볼 수 있으리라고 홍보한다. '동식들'은 위험을 동반한 야릇한 흥분을, '부인들'은 불안을 그리고 '하녀들'은 은근한 쾌감을. 상술한 인터뷰에서 부인들의 강렬한 반응처럼, 당시에 〈하녀〉의

사진 37

▶ **약간 놀랐습니다** 회사장 박찬호

이 영화가 하도 친구들 간에 화제가 되기에 가 보고 놀랐습니다. 처가
친정에 갔을 때 나도 그런 유혹을 느껴 보았으니까요. 흔히 있을 수
있는 일이기에 그런 비참한 결과도 상상할 수 있어요.

▶ **여자란 분명히 약할까요?** 가정주부 김숙희

인내하고 노력해서 이룩해 놓은 가정이 저렇게 무너지면 우리 같으
면 자살하고 말 거예요. 더욱이 귀여운 자식까지 죽어 버리니 확실히
여자란 약한 거지만 이 영화의 주증녀 양처럼 끝까지 굳세어야 한다
고 생각했어요.

▶ **설마 그럴 수 있나요?** 허씨 댁 하녀 정미희

이 영화를 보고 이상한 느낌을 받았어요. 주인아저씨가 아주 착실한
사람 같은데 그럴 수 있을까요. 만일 내가 그런 일을 당하더라도 그렇
게까지 빼앗아 버릴 수 없을 것 같아요. 그러나 또 한편 그 반대도 옳
다고 생각하기도 해요. 나도 가정주부가 될 자격이 있으니까요.

인물들과 사회적 경험을 공유할 수 있는 관객이라면 저마다 동식, 부인, 하녀 중 한 명에게 동일시되곤 했을 테다.

물론 1960년으로부터 60년이 넘게 지난 오늘날의 우리는 동식, 부인, 그리고 하녀와 사회적 경험을 공유하기도 어렵거니와, 기실 서사라는 것 자체가 사회적 경험과 무관한 타자와도 동일시할 수 있는 기구이며 영화는 그것을 특히 잘하는 매체였다. 그리하여 〈하녀〉를 보는 중에 우리는 동일시의 전환과 혼란을 오가며 흥분과 불안, 쾌락을 뒤죽박죽 느낄 수 있다.

경희와 사물

〈하녀〉의 내화는 생각보다 복잡하다. 1960년 11월 1일 결재된 '국산영화 〈하녀〉 상영 신고의 건'은 영화를 "단란한 가정을 이루고 있는 한 남자가 하녀(식모)와 불의의 관계를 맺은 후 자기가 저지른 죄악을 뉘우치고 하녀와 같이 음독자살하게 된다는 내용"으로 검토하며 오늘날에도 그렇게 단순화되곤 하지만,[80] 동식이 하녀와 "불의의 관계를 맺"는 것은 영화의 40분이 지난 시점에서다. 앞의 40분은 없어도 될 잉여가 아니다. 흔히 영화감독들은 영화의 초반부에 그 영화의 독법을 은근히 제공한다. 〈하녀〉도 예외가 아니다. 〈하녀〉는 경희를 통해 사건이 벌어질 무대—이층 양옥집의 규칙을 소개하고, 등장인물—동식, 부인, 하녀를 한곳에 모은다.

내화에서 먼저 귀에 들어오는 건 공원(工員)들을 대상으로 음악부와 운동부가 하는 홍보다. 공장에서 기숙 생활을 하는 공원들이므로 업무 외 여가 시간—부활동(部活動)은 일종의 세계관 선택이다. 여기서 중요한 건 각 부의 활동(운동과 음악)이 아니다. 핵심적인 건 그들이 부원 모집을 위해 내거는 홍보의 양상이다. 먼저 음악부는 "무엇 때문에 사느냐"라는 실존의 문제를 해결할 수 있다고 말한다. 이에 운동부는 "밀국수를 배급함으로써" 생활 문제를 해결할 수 있다고 받아친다. 음악부는 이렇게 되받아친다. "미남 선생이 우리들의 괴로운 마음을 풀어 준단 말야!" 실존에서 욕망의 해소로 무게의 추가 바뀐다. 혹은 실존 자체가 욕망에 당의정을 입힌 것이라 고백한다.

〈하녀〉가 만들어진 시점을 고려하면 실존과 생활의 거부는 특기할 만하다. 상술했듯 〈하녀〉는 1960년 6월에 제작 소식이 공개되었고, 11월 3일에 개봉했다. 사건의 연대기에서는 4·19 혁명과 5·16 쿠데타 사이다. 주지하듯 4·19와 5·16은 각각 민주주의와 발전주의를 상징하는 사건으로 다뤄지며, 때때로 4·19를 5·16이 좌절시켰다곤 하지만 1960년의 시점에서 민주주의와 발전주의는 기묘하게 동행했다. 4·19에는 발전과 민생의 요구가 있었고, 5·16에도 구악(舊惡)을 일소할 기대가 투영

되었다. 그러므로 1960년 하순에 실존과 생활이 아니라—그 둘을 조소하거나 배반하는—욕망을 재현한 것은 아주 묘하며, 어떤 의미에서는 저 둘의 실패조차 선취한다.

곽의 고백과 실연		곽의 아프다는 편지				곽의 자살
	경희 방문	경희 거짓말	경희 방문	경희 방문 (하녀와 함께)	경희 방문	경희 방문, 고백, 실연

이렇게 공공연한 욕망의 무대인 음악부에서 일어나는 일은 당연히 치정이다. 곽선영은 "미남 선생"인 동식에게 고백을 하고 실연을 당한 뒤 후일 자살을 하며, 이를 (최소한 미필적고의로) 종용한 경희는 동식의 집에 피아노를 배우러 다니다가 후일 곽의 장례식 날 고백을 하고 마찬가지로 실연을 당한다.

흔히 이은심이 분한 하녀를 〈하녀〉의 팜파탈femme fatal로 지칭하지만, 경희 역시 빼놓을 수 없다. 노골적이고 폭발적인 하녀와 달리, 경희는 치밀하고 은밀하다. 가령 동식에게 고백할 때 경희는 이런 말을 한다. "선생님! 선생님을 사랑한 건 저예요. 사실인즉 곽을 충동한 것도 저고 편지를 쓰게 한 것도 저예요." 동식을 사랑했기 때문에 곽에게 연애편지를 쓰게 했다니, 이것은 무슨 의미인가?

경희는 동식이 곽의 연애편지에 응낙할 수 없으리란 점을 간파했을 테다. 동식이 공원들의 음악 선생으로 있는 이유는 자질이 출중해서가 아니라 "미남 선생"이기 때문이다. 즉, 동식은 공장이라는 동성 사회―여기는 사감부터 급사 그리고 모든 직원이 여성이다. 그리고 이것은 아내의 의부증적 상상처럼 보인다.―에서 성적으로 대상화된 남성이다. 동식이 화장실을 간다고 말하자 그 자리의 공원들이 모두 소리 내어 희롱하듯, 이는 명시되지 않을 뿐 모두가 묵시적으로 공유하는 규칙이다. 이러한 조건에서 동식이 곽선영이라는 한 사람에게 귀속되는 것은 규칙의 위반이므로 실직(失職)으로 귀결될 터이다. 동식은 "우리들의 괴로움을" 풀어 줘야 한다. 성사될 수 없는 고백을 종용하고 아프다는 편지의 내용조차 전하지 않음으로써 경희는 곽을 제거한다.

이처럼 게임의 규칙을 잘 아는 경희는 동식의 집으로 침투한다. 공적 공간인 공장 음악실보다, 사적 공간인 집에서 연애의 성공 가능성이 더 크기 때문이다. 새로 지은 이층 양옥집에서의 첫 피아노 교습을 받을 때부터, 경희는 동식에 대한 욕망을 숨기지 않는다. 손이 포개어지고(사진 38) 경희는 서서히 동식에게 고개를 돌린다(사진 39~사진 41). **사진 41**에서 숏이 중단된다. 화면이 전환되면 창순과 애순이 "용용용" 소리를 내며 부인의 주

사진 38

사진 39

사진 40

사진 41

4장 | 문이 여러 개인 집

변을 도는데, 이로 인해 피아노 소리가 잠깐 묻히는 순간이 발생한다. 하필 **사진 41** 직후에 피아노 소리가 들리지 않을 때, 이 외화면 소리의 중단은 은근한 서스펜스를 발생시킨다. 저렇게 가까운 상황에서 경희가 동식에게 고개를 돌렸는데 피아노를 치지 않고 있다면, 무엇을 하고 있는가?

위 장면 그리고 곧 이어지는 하녀의 말: "나보다 언니는 아저씨가 손을 꼭 잡고 가르치니까 더 재밌겠어." 같은 부분으로 우리는 경희의 마음을 눈치챌 수 있지만, 동식의 입장에서 경희의 고백은 충분히 갑작스럽게 느껴졌을 수도 있을 것 같다.

그런데 과연 그러한가? 피아노 강습 중 하녀의 담배를 동식에게 고발하려고 창순이 들이닥친다. 그리고 동식이 하녀를 보러 갔을 때, 경희는 은근한 적대의 눈으로 창순을 바라보고('네가 좋은 분위기를 망쳤잖아') 창순은 코를 만지작거린다('어디선가 냄새가 나는데').

270 동식: 음이 틀렸어.

271 경희: 안 틀렸어요.

272 동식: 다시 해 봐!

273 동식: 그것 봐 또 틀렸어.

274 창순: 아버지 담배[81]

영화화 과정에서 삭제되었지만, 시나리오에는 창순이 들이 닥치기 전 동식과 경희가 나누는 대사가 있다. **사진 38~사진 41**의 상황과 바로 앞 하녀의 "손잡고 가르치니까"라는 대사를 고려하면, 삭제된 대사들에서 얼핏 상하가 분명한 관계를 전제로 흐르는 성애의 텐션을 읽을 수 있다. 김기영은 삭제한 대사들을 어떻게 연출하려고 했던 것일까? 어쨌건 창순은 동식이 나간 자리에서 무언가 '냄새가 난다'는 듯 코를 만지작거린다.

30분 남짓 흐른 이 시점, 우리는 이제 〈하녀〉의 주요 사건이 일어날 무대의 규칙을 모두 알고 있다. 1층에서는 재봉틀 소리가, 2층에서는 피아노 소리가 울린다. 그리고 동식이 원래 살던 단칸방과 달리 양옥집에는 공간의 분할이 있어서 안에서 이뤄지는 일을 (원칙적으로는) 밖에서는 볼 수 없다.

한편 이 30분 동안, 무대의 규칙과 함께 주역이 될 사물들도—영화 전체에서 이 경우들을 제외하면 거의 사용되지 않는—클로즈업으로 차례차례 소개된다. 인물들이 이 사물들을 사용하면서 혹은 이 사물들이 인물들을 유혹하면서 〈하녀〉의 서사는 진행된다. 동식의 생활 조건을 파악할 만큼 치밀하지만 경희가 동식을 얻을 수 없었던 것은, 어쩌면 그가 이 사물의 드라마에서는 주변에 속할 수밖에 없었기 때문일지 모른다. 〈하녀〉의 전체에서도 경희는—담배를 배달하듯—매개자에 불과하다. 다시 한 번 〈하녀〉의 내화가 부인의 의부증적 세계관을 기

사진 42_ 건반과 손

사진 45_ 담배

사진 43_ 계단

사진 46_ 담배

사진 44_ 쥐약

반으로 하고 있다는 점을 상기해 보자. 부인은 동식의 일터인 방직공장을 여성동성사회로 상상하고 여공원과의 외도를 의심한다. 그러나 부인의 주된 의심의 대상은 여공원이 아니다. 여공원은 외화에 출연하지도 않거니와 거명되지도 않는다. 부인이 의심하는 사람은 건반에 손을 얹고, 계단을 닦고 오르내리며, 처음부터 쥐약의 은유로 등장하고, 몰래 담배를 피운다.

바로 하녀다.

김기영,
〈욕망은 여성을 파괴한다〉*

미국영화를 볼 때마다 나는 미스 리를 연상한다. 그 솔직한 사랑의 표현, 먼저 퍼붓는 키스⋯. 그것은 미군 켈로대원이었다는 그녀의 대담성을 그대로 느끼게 하는 것이다.

여자의 고백이 준 자극

10년 전의 이야기다. 부동산 피난살이를 못 벗은 서울 사람들이 광복동 거리에 아직도 우글거리던 때다.

어느 다방에 들어가니까 서울말의 아가씨가 차를 날라왔다. 미스 리라고 했다.

"서울 가시게 되면 데리고 가세요."

내가 보기에 좋은 여배우감이라고 생각해서 부르면 오기로 약속했다. 난 그 아가씨의 경력은 물어보지도 않고 알았다.

영화 〈×××〉 촬영이 기획되어 엽서를 냈더니 소식이 없었다. 할 수 없이 김삼화(金三和)를 여주인공으로 결정짓자, 난데없이 미스 리가 나타나 나를 놀라게 했다. 여주인공을 바꾸려고 했

* 김기영이 1968년 10월《여원》에 쓴 글이다.

지만 때는 늦었다.

단역을 주었고 촬영 기록을 시켜 다음 작품을 주기로 했다.

그때 알았지만 미스 리는 모든 일에 책임감이 있고 무슨 짓을 해서라도 연출부원들을 배고프지 않게 보급 작전에 큰 공헌을 올리곤 해서 부원들이 "미스 리를 얻는 남자는 굶지 않겠다"고 이구동성 칭찬이 자자했다.

더욱 놀랄 일은 영어 회화에 능하고 자동차 운전 심지어 비행기 조종까지 하는 데는 더 할 말이 없었다.

뭘 하던 여자일까. 보기에는 숫처녀에 틀림없다. 값싸게 보이지 않는 기품도 있다. 물어도 물어도 그녀는 정체를 드러내지 않았다. 하도 물어보니까 믿지 않을 거라 하며 자기는 미군 켈로부대원이라고 했다. 미군과 같이 낙하산을 타고 적진에 떨어져 적중돌파해서 돌아오기를 세 차례나 했으며 인민군도 수없이 칼로 찔러 죽였다고 했다.

작전의 최고 훈련을 받았다고 덧붙이기도 했다. 사실인지 거짓말인지는 모르나 하여간 대단한 여자를 만났던 것이다.

신선하고 대담하고 노골적인 만치 직접적인 행동에 전 멤버가 매혹됐다. 솔직히 말해서 나도 흥미를 갖기 시작했다.

어느 날 미스 리는 나를 쳐다보더니

"선생님 사랑해요."

"난 사랑하는 처자가 있는 몸인데…."

"그게 무슨 관계예요?"

"난 그런 건 몰라."

그리고 서로 한참 웃었다.

그 순간부터 나는 이상야릇하게 됐다. 여자의 이 솔직한 고백이 자극이 되어 내 몸에 숨어 있었던 악마의 씨앗이 날 흥분의 상태로 몰아넣기 시작했다.

영화계를 휩쓴 그녀의 매력

여자란 자기가 흥분시킨 이성의 상태를 잘 알고 있다. 그때부터 내가 미스 리를 보는 눈이 달라졌다.

"김 선생님 저를 갖고 싶으시면 맘대로 가지세요. 그렇지만 약속해 주세요. 제가 싫어졌을 때는 못 견뎌요. 그땐 같이 죽어 주세요."

어느 날 미스 리는 이렇게 말했다. 나는 섬찟했다. 여 켈로부대원, 지금도 몸에 지니고 있는 잭나이프, 흥분이 공포로 변했고 그 순간 나는 자신의 정신을 되찾고 그녀에게 정이 뚝 떨어졌다. 한바탕의 홍역이랄까? 그 고비를 넘기고 보니 시원하기도 했다. 나는 자랑스럽게 내 아내를 불러왔다. 아내는 웃었다. 그 후 나는 그녀를 냉정하게 대했고 촬영이 끝나자 다음 작품 출연을 거부하고 딴 영화사로 소개해서 보내 버리고 말았다.

영화계가 그녀의 매력에 들끓었다. 김 감독이 어디서 저런

여자를 발견했냐고들 야단이다. 김승호(金勝鎬) 씨가 뛰어와서

"미스 리 소식 알아? 글쎄 L감독이 처자를 버리고 미스 리와 동거 생활을 시작 했어…."

나는 속으로 웃었다. L감독이 미스 리의 잭나이프에 굴복됐구나 하고….

어느 날 미스 리와 명동서 만났다.

"또 굶고 다니시죠? 저녁 사겠어요."

고생한 여자라 남 배고픈 것도 되게 걱정해 준다고 생각했지만 막상 음식점에 앉으니 그 입에서 나오는 말은 볼품이었다.

"김 감독님은 날 업신여겼지만 이제 난 아무나 업신여기지 못하게 됐어요. 영화의 주역을 맡았는걸요."

"너 L감독을 어떻게 해 놨길래 그런 소릴 하냐."

"…"

그 여자는 아무 말도 않았다.

"내가 영화계에 글어 넣었으니까 아무쪼록 잘되어야지. 어떻게 해서든지 명배우가 돼야지. 그렇지 않으면 그거야말로 참패가 돼."

그럴듯한 소리를 던지고 헤어졌다.

죽어 간 총명

어느 날은 아내와 동석한 자리에 그녀가 나타났다. 나는 어색하게 인사를 시켰다. 나의 아내는 안타까운 얼굴로 날 뒤로 끌고 가서 속삭였다.

"여보, 여자가 왔다고 당황하지 말아요. 꼴불견이에요."

"내가 언제 당황했어."

"그 여자를 인사시킨 것이 벌써 세 번째예요."

"앗차."

그러고 보니 세 번째 나의 아내에게 인사를 시켰다. 인사하는 사람 받는 사람 서로 얼마나 쓴웃음을 지었을까. 이날도 아내한테 정열적이란 말을 또 들었다.

어느 날 조간(朝刊)을 들추다 특대 활자로 된 3면 기사에

"미군 트럭 영등포에서 여배우를 즉사시키고 도망!"이라는 타이틀이 나를 깜짝 놀라게했다. L감독과의 생활비를 조달하러 영등포 오빠 집에 들렸다 나오는 길에 미스 리는 버스를 기다리다 죽었다고 한다.

동리 애들이 〈×××〉에 나온 여배우라고 떠들어 댄 것이 그녀의 가족에게 알려졌고 L감독이 울며 달려갔다고도 한다. 장례식에 영화인들은 많이 갔지만 나는 가지 않았다.

"쥐가 올라요"
그리고 문을 여닫는 것

문에 귀를 대고 부인과 동식의 상상에 입회하고 있었던 건 아닐까? 내화가 끝나면 기다렸다는 듯 문을 열고 하녀가 등장한다. 외화에 등장한 것은 처음이지만 외화의 세계에서 그는 오래전부터 동식-부인 집의 하녀다. 동식이 '손 닿을 곳에 둔다'며 이기죽거릴 때부터 부인은 방금 문을 열고 들어온 바로 저 하녀를 떠올리고 있었을 터, 부인은 저 하녀와 동식을 염두에 두고 〈하녀〉의 내화를 열어젖힌다. 그 내화에서 부인은 이미 하녀를 위협적인 존재로 상정해 두고 있다. (상술한 경희를 비롯해서) 내화의 곳곳에—공원들의 주변에 은근히 껴 있는 **사진 47과 사진 48**처럼—하녀의 전조는 시작부터 도사리고 있다.

(김기영이 경도되었던) 프로이트는 주체가 양립할 수 없는 표상을 받아들였을 때 그 표상을 가공하면서 신경증 증상이 형성된다고 쓴 바 있다. 쉬운 예를 하나 들어 보자. 아무런 생리적 원인이 없음에도 불구하고 서거나 걸을 수 없는 환자가 있다. 프로이트는 이 서거나 걸을 수 없는 증상이 환자가 외로움, 즉 '혼자 있는 것Alleinstehen'이라는 표상을 '혼자allein', '서 있는stehen'이라는 표상으로 가공하여, 서 있을 수도 걸을 수도 없게 되었다고 해석했다.[82]

사진 47

사진 48

김기영은 이러한 신경증의 원리를 느슨하게 활용한 것 같다. 부인이 내화를 조직하는 원리에서 가공된 '가짜 공포'가 전조를 형성한 다음, 가공되지 않은 '진짜 공포'가 드리우는 방식을 찾을 수 있다. 부인은 외화의 동식이 신문에서 "하녀"라는 단어를 입에 올리는 것만으로도 신경을 곤두세웠을 만큼 하녀에 공포를 갖고 있었다. 하녀에 대해 갖고 있는 공포는 내화에서 가공된 표상이 되어 전조로 등장한다. 그 가공된 표상은 무엇인가? 바로 '쥐'다.

〈하녀〉의 내화에서 '쥐'는 새로 지은 이층 양옥 계단에 앉은 애순에게 창순이 "누나, 쥐 봐!"라는 대사로 처음 등장한다. 그렇게 거짓말로 등장한 쥐는 점점 부인에게 위협으로 엄습한다. 찬장 속에서 실제 쥐가 등장하고, 쥐약을 먹고 사람 얼굴을 한 쥐들이 죽어 가는 꿈을 꾼다.

하필 이층 양옥에서 쥐가 처음 거론되는 것은 흥미롭다. 동

사진 49

식이 하녀와의 외도를 고백하며 늘어놓는 궤변: "내 탓만이 아니야. 집을 왜 짓자고 했어! 오히려 셋방에 있었으면 이런 일은 안 일어났어."에는 영화 내적으로 일부분 진실이 있다. 단칸방인 셋방에는 동식이 외도를 할 수 있는 최소한의 조건이 마련되지 않는다. 방으로 공간의 분할이 발생하지 않거니와 부인은 재봉틀 앞에서 그 단칸집에서 일어나는 모든 상황을 조감할 수 있는 특권적인 시점을 점하고 있다. (부인의 시점에서는) 단칸방에서는 모든 것이 투명하게 드러나지만, 이층 양옥에는 불투명한 여지가 있다. 동식이 보이지 않지만 피아노 소리가 동식과 경희가 한방에 있음을 들려줄 때, 거기 둘이 있다는 사실은 알지만 '무엇을 하고 있는지' 정확하게 알 수 없으므로 외도가 가능한 최소한의 조건이 마련되었을 때: 찬장에서 쥐가 나타난다.

부인이 쥐에 깜짝 놀라고, 동식은 경희의 주선으로 하녀를 구인한다.

부인이 쥐에 깜짝 놀라는 장면, 경희가 하녀를 부르는 장면, 그리고 하녀가 집으로 와서 쥐를 잡는 장면: 이 세 장면의 연쇄는 〈하녀〉의 결정적인 시퀀스 중 하나다. 이 시퀀스를 자세히 살펴보자. (방으로 분할된 이층 양옥에서 문으로 인해 시야가 차단되는 것처럼) 닫아 뒀을 때는 보이지 않던 쥐가 찬장을 열자 부인 앞으로 떨어진다. 부인은 깜짝 놀라고 공포에 떤다. 다음 장면 동식의 청으로 경희가 하녀를 찾는 장면에서도 문이 등장한다. 경희가 옷장을 열자 보이지 않던 하녀가 나타난다. 담배를 빨고 있어서 볼이 쪽 들어간 이은심의 얼굴은 영락없는 쥐다. 문 안에 있다가 난데없이 나타나는 존재: 이 두 장면의 연쇄는 쥐가 하녀의 가공된 표상임을 '문 안의 존재'라는 등장의 유사성으로 연결 짓는다. 이 쥐-하녀는 이층 양옥에 도착하자마자 (쥐가 으레 그렇듯) 먹을거리가 있는 부엌에 침입한다. 쥐-하녀의 동선과 카메라의 위치는 모두 앞서 부인이 찬장을 여는 장면과 동일하다. 다만, 하녀는 부인과 달리 놀라지 않는다. 놀라기는 커녕 맨손으로 쥐를 잡는다.[83] 견딜 수 있는 공포인 쥐를 죽이면서, 하녀는 가짜 공포를 대체하는 진짜 공포로 등장한다. 한 마리의 쥐인 동시에 쥐를 죽이는 포식자인 하녀는 그날 밤 부인에게 사람 얼굴을 한 쥐들이 죽는 꿈까지 꾸게 할 것이다.

무의식은 주체가 알지 못하는 말장난 같은 가공을 멈추지 않는다. 하녀를 닮았기에 공포의 대상이 되었던 쥐mouse는 그 기표의 동일성에 근거해서 부인의 쥐muscle cramp로 신체화하는 데 이른다. "발 좀 주물러 줘요. 쥐가 올라요." 그런데 어쩌면 신경증이 으레 그렇듯, 이 신체화가 부인의 가장 견딜 수 없었던 표상이 적나라하게 가공된 사례는 아닐까? 즉, 쥐 자체가 아니라 '쥐가 오르는 것'이 부인에게 형성된 신경증의 중핵이 아니었을까?

어느 날 새로 지은 집에 이사하는 날 과로한 동식의 처는 찬장에서 뛰어나온 쥐에 놀라 눕게 되고 경희의 주선으로 명숙이라는 하녀를 두게 된다. 담배마저 피우는 괴짜 하녀는 "레쓴" 때 나란히 앉아 피아노를 치는 동식과 경희의 다정한 모습을 지켜보곤 하며 경희를 질투까지 한다. 동식의 처는 "테레비"를 사기 위해 무리하게 일하는 끝에 **발에 쥐 오르게 된다.**(강조—인용자) 몸이 쇠약해진 것을 안 동식은 시골에서 과수원을 경영하고 있는 장모 댁에 처와 아이들을 휴양차 맡겨 두고 온다.[84]

영화의 바깥에서도 '쥐가 오르는 것'을 무시할 수 없는 증거가 있다. 인용한 문단은 〈하녀〉의 시나리오 중 한 판본에 수록된 줄거리 요약의 일부분이다. 요약에는 중요도에 따라 배제와 선별이 이뤄지기 마련이다. 이 줄거리를 요약한 김기영은 하녀가 쥐를 잡는다거나 동식이 창순과 애순에게 쥐약을 조심시키는 일은—최소한 글로 쓰는 줄거리의 영역에서는—그다지 중요하지 않게 생각했던 것 같다. 이와 달리 부인의 '발에 쥐가 오르게 된다'는 정보는 생략하지 않았다. 저 부분에서 발에 쥐가 오른다는 정보 값은 충분히 생략이 가능하다. "동식의 처는 '테레비'를 사기 위해 무리하게 일하는 끝에 몸이 쇠약해졌다. 이에 동식은 시골에서 과수원을 경영하고 있는 장모 댁에…." 그러나 김기영은 그러지 않았다. 그 이유는 부인의 '발에 쥐가 오르게 된다'는 사실이 그만큼의 중요성을 갖고 있으며, 특히 글자로 "뛰어나온 쥐"와 "쥐가 오르게 된다"에 쓰인 기표로서 '쥐'의 동일성을 재확인하고자 하는 (무)의식이 있었기 때문이 아닐까.

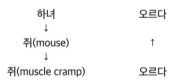

다시 한 번: 프로이트는 신경증이 주체와 양립할 수 없는 표상을 무의식이 (말장난 같은 것으로) 가공하여 견딜 수 있을 만한 증상으로 나타나는 것이라 했다. 그렇다면 부인의 다리에 '쥐가 오르는 것'의 숨겨진 의미는 무엇인가? 바로 '하녀가 오르는

사진 50　　　　　　　　　　　　　사진 51

것'이다.

부인은 '하녀가 오르는 것'이라는 표상을 두려워한다. 당연하다. 하녀는 저평가된 가사 노동을 떠맡으며 문자 그대로 가정에서 가장 낮은 지위에 있다. 그러므로 가정 내에서 하녀의 지위가 오르는 것은 주종 관계의 거역을 의미할 터, 그 방법은 어쨌건 주인에게는 위협적이다. (새삼 〈하녀〉에는 하녀-下女, 경희-中女, 부인-上女가 있다는 생각이 든다. 하녀는 가장 아래에서부터 하나씩 지위를 올려 간다.) 그렇지만 이것은 너무 일반적이고 추상적이므로 개인에게 강렬한 공포로 다가오기는 어렵다.

'쥐가 오르는 것'으로 억압하고 있던 부인의 '진짜 공포'는 의미 이전에 일종의 몸짓이다. 그 몸짓은 바로 위의 장면: 동식과 하녀의 두 번의 섹스의 시작에 배치된 '하녀가 동식을 오르는 것'이다. 이 몸짓에 압축된 의미는 당연히 남편의 외도. 외도는 상술한 지위 상승의 계기가 될 수도 있거니와 부부·연인 관계에서 주된 공포다. 실로 하녀는 동식과의 섹스 이후에 동식과 함께 2층으로 오르며 부인에게 밥을 갖고 오게 만든다. 쥐에서 하녀로, 쥐가 오르는 것에서 하녀가 동식과 섹스를 하는 것으로, 억압된 것이 귀환하면서 부인의 '진짜 공포'가 드러난다.

그러나 '진짜 공포'의 정체와 그것이 밝혀지는 과정을 알려 주지만 〈하녀〉를 감상할 때 우리에게 엄습하는 부인의 공포와 서스펜스라는 효과를 유발하는 경과에 이러한 '읽기'는 무용하다. 〈하녀〉의 감정적 효과는 관념의 유희를 해석한 결과로만 전달되는 게 아니다. 감상에 은근한 영향을 끼치기야 하겠지만 그보다 중요한 것은 영화 속 세계의 리얼리티를 침해하지 않는—리얼리티를 침해하는 떠들썩한 연출을 맞닥뜨릴 때 관객은 그 리얼리티에 의문을 품고 효과를 인식하기 위해 그 효과를 누릴 수 없다.—떠들썩하지 않은 세부고, 〈하녀〉에서 그 세부에 해당하는 것은 문을 여닫는 행위다.

하녀가 처음 등장인물로 존재감을 드러내는 장면—경희가 기숙사 옷장의 문을 여는 장면으로 돌아가자. 문이 발칵 열렸음에도 놀라는 기색이 전혀 없는 하녀는 마치 그런 공간이 익숙해 보인다.

도착하여 쥐를 잡은 다음, 하녀는 부엌에서 일을 하는 장면으로 등장한다. 그런데 영화는 여기서 하녀를 바로 보여 주지 않는다. 창순이 팔을 뻗어 문을 연 다음에야(사진 52) 하녀(사진 53)

사진 52

사진 53

를 볼 수 있다. 단 1초도 안 되는 문을 여는 행위는 이야기의 진행에는 잉여에 가깝다. 그렇지만 이 짧은 순간이 빈정거리는 창순·애순을 내쫓는 하녀(사진 54-동그라미를 자세히 보면 창순이 창문에 얼굴을 대고 하녀를 보고 있다. 경희의 경우와 마찬가지로 창순은 무언가 기미를 잘 눈치채는 것 같다)와 담배로 힐책을 하러 왔다가 "이야기해 두지만 피아노는 절대로 만지면 안 돼. 알았지?"라며 하녀의 행동 범위를 제한하는 동식(사진 55)에게 반복되면서, 관객은 자연스럽게 문을 여닫는 것이 권력의 문제와 관계됨을 (무)의식적으로 지각한다.

쥐가 벽의 아주 작은 틈, 바닥의 조그만 균열만 있어도 침투하듯, 하녀는 부엌이라는 작은 공간에만 머무르지 않는다. 부인·창순·애순이 친정을 가고 동식이 경희와 함께 곽선영의 장례식에 간 사이, 하녀는 동식의 방에 들어가서 몰래 피아노를 친다. 그리고 하녀는 장례식에서 돌아온 동식과 경희의 소동을 훔쳐보고 이를 빌미로 협박을 하고는 동식을 자신의 방으로 데리고 와서 비에 젖은 머리칼과 알몸으로 유혹한다. 그리고 동식이 하녀의 방에서 나가려고 하자, 이번에는 하녀가 문을 닫는다. 하녀가 갇히는 게 아니라, 하녀가 동식을 가둔다. 이 장면 이후 하녀는 더 이상 갇힌 존재처럼 보이지 않는다. 하녀는 동식의 방에 자유롭게 침입하여 낮이고 밤이고 줄을 끊어뜨릴 양 피아노를 친다. 리듬이나 멜로디 없이 온 집에 울리는

사진 54

사진 55

사진 56

무정형의 피아노 소리가 동식을 불안하게 만들고 유인한다. 동식의 가장 개인적인 공간이었던 피아노조차 이제는 하녀의 것이 된 셈이다. 일종의 땅따먹기. 하녀는 조금씩 세를 넓혀 간다.

하녀의 땅따먹기는 부인에 의해 잠깐 저지된다. 계단에서 뛰어내려 유산을 종용하는 부인은 다시 한 번 하녀를 문 뒤로 가둔다(사진 57, 사진 58). 아이를 유산한 후 피가 멎지 않는 하녀가 방 안에서 몸조리를 함으로써 하녀의 땅따먹기는 잠시 주춤한다. 그러나 동식이 하녀에게 밥을 가져다주지 않고 부인이 외려 애를 낳자, 분노한 하녀는 이제 비단 동식의 방뿐만 아니라 부인·동식의 침실까지 발칵발칵 문을 열어젖히고 본격적으로 집을 점거해 나간다. 문을 사이에 두고 힘겨루기를 하는 장면(사진 60)처럼, 〈하녀〉는 방을 차지하기 위해 문을 여닫는 동작의 계열로 힘의 변화를 설명한다.

한편 이렇게 닫힌 문을 하나씩 열며 동식의 집을 점거해 가는 과정에서, 아기를 밴 후 수차례 눈물을 흘리는 하녀의 얼굴이 부인의 표독스런 표정(사진 59)과 병치될 때 관객은 점점 하녀에게도 동일시를 하게 된다. 앞에서 인용했듯 "중산층 가정에 들어온 하녀가 가정의 위협이 된다는 설정은 상경한 여성들에게 쾌감을 줄 수 있지 않을까라고 생각했다"라고 생각했던 만큼,[85] 하녀와 사회적 경험을 공유하는 사람들은 그가 문을 발칵발칵 열어젖히며 집을 차지해 나가는 장면에서 쾌감을 느꼈

사진 57

사진 58

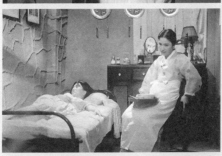
사진 59

사진 60

을 테다.

그러나 〈하녀〉는 성공 드라마가 아니다. 하녀는 끝내 동식의 다리를 부여잡고 디딤판에 머리를 쾅쾅 부딪치며 계단 위에서 죽는다. 상경 여성들의 쾌감도 집 안의 문을 모두 여는 데까지 머무를 수밖에 없었던 걸까? 애초 하녀가 선택한 것도 동식과의 동반자살이었다. 집 바깥-사회에서 불손한 하녀의 미래는 없었다. 절반의 성공. 문화사적으로 상승-천당과 하강-심연을 연결하는 계단을 하녀는 거꾸로 매달려 내려간다. 이것은 하강하는 움직임이지만 거꾸로 매달린 하강은 어떤 의미에서는 상승이기도 하다. 상승과 하강 둘 중 어느 하나로도 오롯이 정립할 수 없는 움직임처럼, 그는 계단의 중간 연옥의 자리에서 죽는다. 이곳은 오직 소란스런 사건을 통해서만 가시화되고 의미화될 수 있는 하위주체의 자리다.

사진 61

"지난 1일 밤 11시경 대구시 서문로 1가 53에 사는 권소암 씨 집에서 식모살이를 하던 원두복(7) 양이 다량의 쥐약을 먹고 자살을 하였다고 한다. 원인은 원 양이 친부모가 없음을 늘 비관해 오던 중 이날, 특히 명절날을 당하여 극도로 비관한 끝에 자살을 한 것이라고 한다." 〈**식모가 음독자살**〉, 《**조선일보**》 1957년 1월 8일자 3면.

사진 62

"중부서에서는 지난 17일 하오 중구 초동 2가 16번지 최경삼 씨 집 식모 배영희(20)를 〈절도〉 혐의로 구속하고 문초중에 있다. 경찰조사에 의하면 배는 지난 13일 하오 5시경 주인 최씨의 가족들이 외출한 틈을 타 현금 40만 환을 절취하여 시내 모처에 은신 17일 하오 한 시 목포행 열차로 고향인 목포시 용강동으로 가려다가 중부 서원에게 발견 체포된 것이라고 한다." 〈40만환을 절취 가족외출한 새 식모를 구속문초〉, 《동아일보》 1957년 5월 19일자 3면.

4장 | 문이 여러 개인 집

사진 63

"4일 하오 11일 20분경 서울 시내 남대문로 삼가 14번지 앞 노상에 쓰러져 있는 젊은 여자가 발견되었는데 경찰조사의 결과 여인은 시내 회현동 189 소재 '일신당약방'에서 작년 4월경부터 식모살이를 해 오던 최정숙 양(22)으로 최 양은 약 3개월 전부터 약방 주인 심시훈 씨(36)로부터 심한 구타를 당하여 비관 끝에 자살한 것이 밝혀졌다. 경찰에서는 심씨를 문초중에 있는데 이와 같은 식모 학대의 이면에는 치정 관계가 있지 않나 주목되고 있다." 〈남자주인학대 젊은 식모자살〉,《동아일보》1957년 7월 6일자 3면.

양옥집과 피아노

　그런데 지금까지 살펴본 내화에 동식은 어떻게 개입하고 있는가? 부인과 하녀가 각각 가정을 보호하고 동식을 취하기 위해 능동적으로 행동하는 데 반해, 사건의 중심에 위치할 뿐 수동적 태도로 일관하는 동식의 욕망은 모호하다. 단지 가족 (부인)과 욕망(하녀) 사이에서 흔들리는 무능력한 존재일 뿐인가? 그러나 외화의 동식이 내화에 개입하고 있다면 그 무능력에도 어떤 욕망이 있을 것인바, 그 욕망을 규명하지 않고는 〈하녀〉의 최종적 이해에 도달할 수는 없다. 동식은 부인·하녀와 함께 영화의 핵심적인 인물이기도 하거니와 무엇보다 ① 치과의사 아내 덕에 윤택한 생활을 할 수 있었으며 ② 실제로 2남 1녀를 두었던 김기영은 동식을 구상할 때 자신을 투영할 수밖에 없었을 것이다. 내화를 연출하는 동식의 욕망에는: 〈하녀〉를 연출하는 김기영의 욕망이 담겨 있을 터이다.

　무릇 '진짜 욕망'이란 가장 은밀한 곳에 숨어 있다. 김기영도 동식의 욕망을 〈하녀〉의 가장 구석진 곳에 숨겨 두었다.

　〈하녀〉에서 가장 은밀한 장면은 무엇인가? 여기서 말하는 은밀한 장면은 그것이 묘사하는 상황이 실생활에서 은밀하다는 뜻이 아니다. 가령, 부인이 처가에 간 사이에 하녀의 방에서 섹스를 하는 것은 실제로는 은밀한 상황이지만 영화에서 이런 장면들은 명백하게 연출되어 있다.

〈하녀〉에서 가장 은밀한 장면은—한국영화데이터베이스(KMDb)에 업로드된 〈하녀〉 기준 12분 40초—경희와 동식 그리고 부인이 건설 중인 이층 양옥에서 대화를 나누는 장면이다.

S#20 내실

부일: 뭐 잘못된 데 있어요?

동식: 오늘, 내게 연애편지를 보내온 여직공이 있었지.

부인: 그게 흔히 첫사랑이라는 거예요.

동식: 쓸데없는 소리. (외화면) 공장에선 그런 게 용서 안 돼.

부인: (외화면) 당신은 좀 연애라도 해야 되겠어요. 너무 현실적인 생각만 하니 당신이….

S#21 현관

창순: 누나, 쥐 봐!

애순: 어디?

창순: 뒤에!

애순: 아악!

이 장면은 이상하다. 〈하녀〉는 외화면에서 들리는 피아노와 재봉틀 소리를 인상적으로 활용하지만, 말소리는 오직 내화면에서만 들린다. 그리고 내화면의 대사는—심지어 말다툼을 하는 경우에도—겹치는 경우가 없기에 정보의 손실 없이 관객에게 전달된다. 그렇지만 이 장면에서만 말소리가 외화면에서 들리고 그조차 다른 말소리와 겹쳐 분명하게 들리지 않는다. 그리하여 동식·부인의 대화는 모호한 상태로 남겨진다. 옛 한국영화에서 때때로 검열관의 가위질로 이렇게 모호한 장면이 만들어지곤 했지만 이것은 검열의 결과가 아니다. 〈하녀〉는 1960년 10월 28일 문교부에 상영을 신고한 이후 어떤 제한 사항도 없이 11월 1일 신고필(申告畢)을 받았다.* 그러므로 이 모호함은 오롯이 김기영이 만든 것이다.

표현에 대한 의지로 가득한 〈하녀〉에 있는 이 모호함, 김기영은 이것을 없애지도 (다른 부분처럼) 명백하게 만들지도 않고 모호한 상태로 두었다. 후일 사로잡힐haunt 사람이 〈하녀〉의 은밀한 음조를 찾을 수 있는 단서를 남기기 위해서? 혹은 숨겨둔 자의 불손한 쾌락을 느끼기 위해서? 무엇이건 김기영이 모호하게 남겨 둔 대사의 원안은 시나리오에 남아 있다.

부인: 뭐 잘못된 데 있어요.

---

* 오히려 4·19 이후 관권에서 민간으로 검열을 이양하여 탄생한 영화윤리위원회에서 심의를 받았기에 〈하녀〉는 김기영의 필모그래피 전체에서도—영화윤리위원회의 실제가 어쨌건—예외적으로 자유로운 환경에서 만들어진 영화다.

동식: 어제 내게 연애편지를 보내온 여직공이 있엇지.

부인: 그게 흔히 첫사랑이라는 거예요.

동식: 쓸데없는 소리! 공장에선 그런 게 용서 안 돼.

부인: 당신은 좀 연애라도 해야 되겠어요. 너무 현실적인 생각만 하니 당신이 하고 싶은 작곡도 못하시지 않아요?

경희: 참 선생님이 작곡하시면 퍽 아름다운 곡이 나올 거예요.[86]

이 대사에는 〈하녀〉에 드러나지 않은 동식의 설정이 있다. 바로, 동식은 비단 방직공장의 음악 선생일 뿐 아니라 작곡을 한다. 그렇지만 현재로서는 작곡을 못 하고 있는 상태며, 부인은 그런 동식에게 "현실적인 생각"을 그만하고 "연애"라도 해야지 "작곡"을 할 수 있다고 말한다. 부인의 말에 전제된 예술관은 극단적이다. 흔히 탐미주의를 추구하는 예술가들은 비윤리적이거나 비도덕적인 행위를 저질러도 그것이 '아름다움'을 위해서라면 정당화할 수 있다고 생각한다. 그러나 부인은 여기에 한술 더 떠 아름다움이 비윤리와 비도덕을 정당화할 뿐 아니라, "현실적인 생각"과 빗겨 나간 비윤리와 비도덕이 오히려 예술적 영감을 북돋는다고—이렇게 생각하면 하녀와의 외도를 부추긴 건 부인이다—말하고 있다. 일종의 '반(反)도덕적 탐미주의'.

동식이 작곡가라는 설정은 사실 〈하녀〉의 화면에도 넌지시 표현되고 있다. 영화의 52분, 동식은 보면판(譜面板)에 빈 악보와 연필(사진 64)을 올려 두고 피아노를 치고 있다. 이는 분명 피아노 교습 준비가 아니라 작곡이다. 그리고—비단 부인이 입에 올리는 것으로 끝나는 게 아니라—반도덕적 탐미주의도 실제로 작동하고 있다. 사진 64의 전후로 양옥집에는 제법 유려한 음악이 흐르고 있다. 12분의 시점에 작곡을 못했던 동식은, 하녀와 섹스를 한 이후인 52분에는 작곡을 할 수 있게 되었다. 이것이 영화의 말미 〈하녀〉의 하녀의 목을 조르는 동식이 느닷없이 베토벤의 데스마스크와 매치컷되는 논리다. 상간을 했을 때, 동식에게 악상이 떠오른다. 누군가를 죽이려고 할 때, 동식은 베토벤이 된다.

반도덕적 탐미주의는 〈하녀〉의 내화에서 동식의 수동적 태도의 배경이다. 동식이 얼마나 수동적인지 다시 한 번 되짚어 보자. 동식은 종종 하녀를 구타—구타란 얼마나 원초적인 반도덕인가!—하는 방식으로 부인의 편을 들지만 실상은 아무것도 하지 않는다. 그저 성을 내고 울상을 짓는 방식으로 포즈를 잡을 뿐이다. 낙태를 종용하는 것도, 그 후유증으로 비명을 지르는 하녀를 보살피는 것도 부인이다. 심지어 부인이 산후조리를 하고 있을 때조차 동식은 "저 애 방에 가는 것이 무서웠어."라고 내빼며 하녀를 방치한다. 이렇게 아무것도 하지 않는 방식

사진 64

사진 65

사진 66

으로 동식은 사실 상황을 악화시킨다. 가정에 불과하지만 식사를 제때 가져다주고 충분히 보살펴 줬다면 (순순히 부인의 말을 따라 계단에서 뛰어내린) 하녀는 창순을 죽이지 않았을지도 모른다. 이런 의아할 정도의 거의 적극적인 무력함을 이제는 이해할 수 있다. 피아노 강사 동식은 생활을 건사하는 것도 좋지만, 작곡가 동식은 생활이 무너지는 것을 은근히 반긴다.

그러므로 〈하녀〉는 부인과 하녀의 싸움인 동시에 양옥집과 피아노의 싸움이다. 양옥집이 생활과 도덕을 의미한다면, 피아노는 예술을 의미하고, 이들은 서로 불화한다. 이러한 측면을 염두에 두면 양옥집 안에서 피아노의 주변 공간만 이질적임을 새삼 깨닫게 된다. 무대예술로 연극을 시작한 김기영은 세트를 결코 허투루 사용하지 않았을 터, 이 이질적 배치는 의미심장하다.

양옥집에는 미국을 상기시키는 요소가 도처에 있다. 곳곳에 과밀하게 붙어 있는 사진들은 한눈에 봐도 서양풍이며, 때때로 과시적으로 알파벳이 비치기도 한다. 부인이 그토록 원했던 텔레비전에서도 서양의 무희들이 춤을 추고 있다. 그리고 가족들은 라이스 카레를 먹으며 때 아닌 영어를 한다 "부인: 투 맨 이트, 원 맨 다이, 아이 돈 노우, 유 돈 노우.", "창순: 컴 온 마이 보이!" 이러한 맥락에서 양옥집은 전후 한국의 미국화-근대화의 풍경을 압축적으로 보여 주는 장소다.

미국풍 양옥집과 달리 피아노 근처에만 한국의 전통적인 탈과 한복을 입은 목각인형 그리고 도자기가 배치되어 있다. 이 전통-한국의 이미지는 일종의 민족성이라기보다는—김기영이 인식한 한국의 민족성일 수도 있지만—전근대(前近代) 정확히는 '원시(原始)'와 연결된다. 마지막 동식이 남자의 약점을 늘어놓는 장면으로 돌아가 보자. 동식은 다음 대사를 움직이며 말한다. 창문 앞에서 "그게 남자의 약점이야. 높은 산을 보면 올라가고 싶고, 깊은 물을 보면 돌은 던지고 싶고"(사진 67)를 말하고 피아노 앞으로 이동한 다음 "여자를 보면 원시로 돌아가고 싶어"(사진 68, 사진 69)라고 끝맺는다. 그리고 이 순간 동식은 전통 탈을 정확하게 가린다.

그러므로 〈하녀〉에 작동하는 반도덕적 탐미주의를 따라가면 다음과 같은 도식의 겹을 발견할 수 있다.

좌변		우변
도덕, 규범	↔	예술
양옥집	↔	피아노
미국	↔	한국
근대	↔	원시

사진 67

사진 68

사진 69

4장 | 문이 여러 개인 집

사진 70   사진 71

한편 이러한 도식을 염두에 두면, 이제야 눈에 밟히는 이미지가 있다. 바로 목발을 짚고 있는 아이다. 〈하녀〉 이전의 김기영' 장에서 짧게 분석했듯, 〈사랑의 병실〉에는 전상으로 인해 다리가 절단된 순길(사진 70)이 나온다. 1953년의 순길은 UN군의 도움으로 의족을 차고 걷고 뛸 수 있게 된다. 7년이 지난 1960년, 김기영은 다시 한 번 〈하녀〉에서 목발을 짚고 있는 아이-애순을 등장시킨다. 그렇지만 영화 속 세계에 미국을 환기시키는 이미지가 가득함에도 불구하고 목발을 짚고 있는 아이-애순은 걷지 못한다. 마치 좌변이 불충하다고 알리듯이. 기실 애순은 외화에서 다리를 편히 움직일 수 있었다(사진 71).

그리고 동식의 욕망도 확인할 수 있다. '야비한 동물'인 인간은 도덕과 규범을 실천하고 근대적 생활을 영위하려고 노력하지만, 그 바닥에는 항상 그것을 위반하고자 하는 욕망이 있다. 이것은 전형적인 프로이트의 문명·인간관이다. 프로이트는 《문명 속의 불만》에서 문명/문화는 욕구의 표출을 유예하는 형식이므로 '문명 속의 인간'은 불만을 가질 수밖에 없다고 썼다. 이러한 맥락에서 동식은 양옥집, 도덕과 규범, 그리고 당시 한국의 근대적 생활을 무너뜨림으로써 유예된 욕구를 내화에서 충족시키고자 하는 것 같다.

그러므로 김기영은 동식을 빌려 무엇을 바라고 있는가? 영화의 마지막, 이 모든 소란을 끝낸 동식이 화면 앞에 선다. 내화에서 시무룩하게 고개를 수그리고 있던 동식은 빳빳하게 얼굴을 세우고 있다. 실은 내화의 수동성도 모두 자신이 의도한 것이라는 양, 곧추선 동식은 관객에게 말을 건다. "선생도 그렇고, 아니라고 고개를 흔드는 선생도 매한가지죠, 하하하…." 이는 한편으로는 관객을 간파하는 것 같지만, 실은 간파의 형식을 빌려 욕구를 거역 불가능한 것으로 자연화하는 것이다.

짠, 이제 우리는 모두 이층 양옥집의 손님이다.

주

1 이영일, 〈욕망: 검은 피의 마성〉, 《씨네마》 1963년 1월호.

2 《일지》(1961. 8. 15.~1961. 11. 18.), 대통령비서실, 1961년 11월 18일, 37쪽.

3 좌담회, 〈'현해탄은 알고 있다'를 말하다〉, 《국제영화》 1961년 10월호, 60쪽.

4 피에르 바야르, 백선희 옮김, 《햄릿을 수사한다》, 여름언덕, 2011, 75쪽.

5 박정현, 《건축은 무엇을 했는가: 발전국가 시기 한국 현대 건축》, 워크룸프레스, 2021, 93쪽.

6 전인권, 《박정희 평전》, 이학사, 2014, 80쪽.

7 허창, 〈高麗葬〉 貧困을 사는 엄청난 삶의 形態〉, 《부산일보》 1963년 3월 28일자 6면.

8 김기영. 〈전아한 분위기의 연기-영화 〈하녀〉를 중심으로〉, 《국제영화》 1960년 8월 호, 122쪽.

9 〈예원 GO, STOP〉, 《조선일보》 1960년 8월 24일자 4면; 〈한 가정의 참극, 김기영 감독 〈하녀〉〉, 《한국일보》 1960년 11월 4일자 4면.

10 〈여인절도피검〉, 《조선일보》 1957년 1월 23일자 3면.

11 〈남자주인학대 젊은 식모자살〉, 《동아일보》 1957년 7월 6일자 3면.

12 이영일, 〈욕망: 검은 피의 마성〉, 《씨네마》 1963년 1월호, 58쪽.

13 이만재, 《사랑받는 사람들》, 율성사, 1979, 85쪽.

14 이영일, 위의 글, 56쪽.

15 이효인, 《하녀들 봉기하다: 영화감독 김기영》, 하늘아래, 2002, 147~148쪽 참조.

16 유지형, 《24년간의 대화》, 선, 2006, 5~13쪽 참조.

17 〈김기영 감독 사망, 영화계 큰 별 지다〉, KBS NEWS, 1998년 2월 25일 방영. https://news.kbs.co.kr/news/view.do?ncd=3782859

18 정용인, 〈고 김기영 감독 유작 시나리오 '생존자' 찾았다〉, 《경향신문》 2013년 7월 28일자. https://www.khan.co.kr/culture/movie/article/201307281127471(최종수 정: 2013. 7. 29.)

19 김기영·오영진·오화섭, 〈한국학의 발전과 그 형성: 한국의 연극·영화〉, 《사상계》 1968년 5월호, 173~174쪽.

20 《조선총독부 직원록》, 1935, 437쪽.

21 〈〈박개똥〉 시나리오〉(소장관리번호 CCN001422_01), 한국영상자료원 《김기영 문 헌자료 컬렉션》, https://www.kmdb.or.kr/collectionlist/detail/view?colId=262(최

종확인일: 2024. 10. 29.)

22 금동현, 〈김기영의 (후레)자식들: 강철웅 인터뷰〉, 《마테리알》 6호, 2022, 22쪽.

23 〈기타자료: 단책의 망령〉(소장관리번호 ZC0000048_01), 한국영상자료원 《김기영 문헌자료 컬렉션》, https://www.kmdb.or.kr/collectionlist/detail/view?collId=262(최종확인일: 2024. 10. 29.)

24 평양고보동문회, 《平高人의 발자취》, 평양고보동문회, 1999, 97쪽.

25 박봉진, 〈故 김기영 영화감독을 추도하며〉, 《대동강》 19호, 1998, 468쪽.

26 이준희, 〈평양고보 출신 엘리트의 월남과정과 정착지〉, 《학림》 42호, 연세사학연구회, 2018, 89쪽.

27 이하 내용은 금동현, 〈김기영 초기 영화미학 연구〉, 경북대학교 대학원 석사학위논문, 2020를 바탕으로 추가·보충했다.

28 박상기, 〈나의 원점, 김기영 의사의 길을 떠나 영화감독으로〉, 《한국인》 2권 9호, 1983년 9월호, 9쪽 참조.

29 김청강, 〈김기영 감독의 제국체험과 식민지적 무의식〉, 《동아시아문화연구》 93호, 한양대학교 동아시아문화연구소, 125~126쪽 참조.

30 황문평, 《가요 60년사: 창가에서 팝송까지》, 전곡사, 1983, 123쪽. 황문평의 회고 또한 온전히 믿을 수는 없지만 1944년 10월 26일 《경성일보》에 서항석 작·연출의 〈견우직녀〉를 상연한다는 기사를 찾을 수 있다. (〈《牽牛織女》를 上演〉, 《경성일보》 1944년 10월 28일자 4면.)

31 〈견우직녀〉, 《춘추》 제19호, 1942년 8월.

32 김기영, 〈그 많던 애인은 다 어쨌소?〉, 《뿌리깊은 나무》 1978년 7월호, 148쪽.

33 김기영, 위의 글, 148쪽.

34 〈영화감독 정일성, 김기영 감독과 영화 '화녀'로의 만남〉, OBS ENT, 2020년 1월 29일 방영. https://www.youtube.com/watch?v=Ve_8OANztCQ(최종확인일: 2020. 3. 24)

35 각 이력에 대한 구체적 정보는 금동현, 위의 글 참조.

36 한승억, 〈김기영 감독과 멋〉, 《영화잡지》 41호, 1967년 2월, 117쪽.

37 〈《유령》을 말하는 좌담회〉, 《민주중보》 1949년 4월 12일자 2면.

38 안톤 체호프, 김규종 옮김, 〈큰 길에서〉, 《체호프 희곡 전집》, 시공사, 2010, 35쪽.

39 강창구, 〈입센의 사회극 《유령》의 현대성〉, 《헤세연구》 제14집, 한국헤세학회, 2005, 287쪽.

40 이연호, 〈시대가 낳았지만 시대를 넘다〉, 《영화천국》 2호, 2008년 6월, 15쪽.

41 안톤 체호프, 김규종 옮김, 위의 책, 9쪽.

42 임영, 〈야사 한국영화: 세트촬영의 대가 김기영감독〉, 《중앙일보》 1990년 6월 17일자 10면.

43 이화삼, 〈〈악로〉를 보고〉, 《경향신문》 1947년 12월 14일자 4면.

44 〈고려예술좌 창립〉, 《경향신문》 1949년 1월 15일자 3면.

45 조향, 〈소극장 운동의 필요성〉, 《부산일보》, 1955년 4월 24일자 4면.

46 1950년 졸업부터 미국 공보원 취직까지의 과정을 김기영은 〈그 많던 애인은 다 어쨌소?〉(《뿌리깊은 나무》, 1978년 7월, 148~151쪽)에서 소상히 밝혔다. 〈그 많던 애인은 다 어쨌소?〉는 《하녀들 봉기하다》의 부록에 전문이 수록되어 있다.

47 오영진·김윤미 옮김, 〈오영진 일기 자료〉, 《우울과 환영》, 평민사, 2019, 206쪽.

48 김기영의 미국 공보부 영화와 활동을 비롯한 구체적인 연구는 김한상, 〈냉전체제와 내셔널 시네마의 혼종적 원천〉, 《영화연구》 47호, 한국영화학회, 2011.

49 〈서울대 연극 30년〉, 《대학신문》 1977년 9월 26일자.

50 이영일, 《이영일의 한국영화사 강의록》, 소도, 2006, 193쪽.

51 수잔 헤이워드, 이영기·최광일 옮김, 《영화 사전》, 한나래, 2012, 369쪽.

52 박영민, 〈초설-새로운 시도가 걷는 길〉, 《영화세계》 1958년 9월호, 86~87쪽.

53 〈해외에 진출할 문제작 〈초설〉 좌담회〉, 《신영화》 1958년 3월호, 53쪽.

54 조셉 우드 크러치, 조은경 옮김, 〈스트린드베리와 풀리지 않는 갈등〉, 《공연과 리뷰》 23권 1호, 현대미학사, 2017, 41쪽.

55 김기영, 〈부교〉, 《영화세계》 1960년 4월호, 146쪽.

56 육명심, 《예술가의 초상-육명심 사진집》, 한미사진미술관, 2011, 32쪽.

57 육명심, 《육명심》, 열화당, 2011, 72쪽.

58 한승억, 〈김기영 감독의 멋〉, 《영화잡지》 41호, 1967년 2월, 116쪽.

59 〈시나리오를 향한 집념과 열정, 김용진〉(김수영, 2002) 참조.

60 〈영화인 다큐 〈김기영 편〉〉(김병욱, 1997) 참조.

61 피터 게이, 《프로이트 II》, 교양인, 2016, 348쪽 참조.

62 정성일, 〈그들은 이층집에 살았다: 김기영의 〈하녀〉〉, 《미스테리아》 25호, 2019, 70쪽 참조.

63 김수용, 〈영화계 사람들 ④ 김기영〉, 《영화예술》 6월호, 1990, 118쪽.

64 정성일, 〈이 불구성, 이 기형성〉, 《영화천국》 59호, 2017년 12월. https://www.kmdb.or.kr/story/177/3647

65 김동순 외, 〈한국근대정신의학의 역사적 조명〉, 《서울의대정신과학》 14권 1호, 서

울대학교출판부, 1989, 24쪽.

66 이하 《24년간의 대화》 인용은 모두 유지형, 〈"24년 간의 대화"를 옮기면서〉, 《24년 간의 대화》, 선, 2006, 5~13쪽 참조.

67 사토 다다오, 고재운 옮김, 《(사토 다다오가 보는) 한국영화사와 임권택》, 2000, 한국학술정보, 84쪽 참조.

68 임도경, 〈'변태'를 자처한 한국 컬트 영화의 교주〉, 《월간조선》 2010년 10월호. http://monthly.chosun.com/client/news/viw.asp?nNewsNumb=201010100046(최종확인일: 2021. 6. 27.)

69 김기영, 《하녀 시나리오》, 한국영상자료원, 2020, 213쪽. 〈하녀〉의 대사는 모두 한국영상자료원의 기관지 《아카이브 프리즘》 2호의 부록으로 실린 《하녀 시나리오》에서 옮겼다. 《하녀 시나리오》는 한국영상자료원 홈페이지(KMDb)에서 영화글>기관지>아카이브프리즘#2에서 전문을 다운로드해서 열람할 수 있다.

70 〈텔레비죤 방송국담 "필름 구득난 때문"〉, 《동아일보》 1962년 5월 29일자 4면.

71 〈안방극장에 탈선〉, 《동아일보》 1962년 5월 29일자 4면.

72 '필름의 해부학자, 김기영', 〈TV명인전〉, KBS, 1999년 10월 25일 방영. https://youtu.be/7IVXdqWWf7A?si=H_KvwZ8FeawtHaW0(최종확인일: 2024. 10. 29.)

73 이영일, 〈욕망: 검은 피의 마성〉, 앞의 글, 58쪽.

74 〈강요·대작·신파성을 버리고〉, 《경향신문》 1960년 6월 18일자 4면 기사.

75 한국문예영화주식회사, 〈국산영화상영 신고서〉, 접수일 1960년 10월 28일; 〈심의서류 〈하녀〉〉(소장관리번호 RK00609), 한국영상자료원 《김기영 검열자료 컬렉션》, https://www.kmdb.or.kr/collectionlist/detail/view?colId=281&isLooked=true(최종확인일: 2024. 10. 29.) 참조.

76 국립중앙도서관 편, 〈대한민국 신문 아카이브: 과거와 미래의 소통〉, 국립중앙도서관, 2020, 29쪽.

77 김기영, 〈반 백년의 고독과 서른 하나의 영화사랑〉, 《KINO》 1997년 1월호, 42쪽.

78 김영진, 〈김기영 미발표 인터뷰〉, 1997. 이 인터뷰는 지면에 공개되지 않았으나, 영화평론가 김영진의 도움으로 열람할 수 있었다.

79 조엘 마니, 김호영 옮김, 《시점》, 이화여자대학교출판부, 2011, 17쪽.

80 한국문예영화주식회사, 〈국산영화 〈하녀〉 상영 신고의 건〉, 접수일 1960년 10월 31일; 〈심의서류 〈하녀〉〉(소장관리번호 RK00609), 한국영상자료원 《김기영 검열자료 컬렉션》, https://www.kmdb.or.kr/collectionlist/detail/view?colId=281&isLooked=true(최종확인일: 2024. 10. 29.) 참조.

81 〈〈하녀〉 오리지널 대본〉(소장관리번호 CKD002547_01), 한국영상자료원, 《김기영 문헌자료 컬렉션》, https://www.kmdb.or.kr/collectionlist/detailList?collId=262(최종확인일: 2024. 11. 12.)

82 마츠모토 타쿠야, 임창석 옮김, 《모든 인간은 망상한다》, 서커스, 2023, 89쪽 참조.

83 지금까지 이 장면의 분석은 박우성, 〈〈하녀〉에서 쥐라는 장치가 수행하는 역할과 위상〉, 《영화연구》 49호, 한국영화학회, 2011, 69~75쪽을 참조했다.

84 〈〈하녀〉 오리지널 대본〉(소장관리번호 CKD002547_01), 한국영상자료원, 《김기영 문헌자료 컬렉션》, https://www.kmdb.or.kr/collectionlist/detailList?collId=262(최종확인일: 2024. 11. 12.)

85 김영진, 위의 인터뷰, 1997.

86 〈〈하녀〉 오리지널 시나리오〉(소장관리번호 CKD002547_01), 한국영상자료원 《김기영 문헌자료 컬렉션》, https://www.kmdb.or.kr/collectionlist/detail/view?collId=262(최종확인일: 2024. 10. 29.)

THE HOUSEMAID

감독 김기영 | **제작년도** 1960년 | **제작사** 한국문예영화주식회사·김기영프로덕션 | 흑백·35mm | **상영시간** 108분

각본 김기영 | **제작자** 김기영 | **기획** 김영철 | **촬영** 김덕진 | **조명** 고해진 | **편집** 오영근 | **음악** 한상기 | **미술** 박석인 | **사운드(녹음)** 손인호 | **사운드(효과)** 이상만 | **연출보** 전응주·김대희·정효섭 | **현상** 대한영화사 | **스크립터** 김정숙 | **제작부** 안화영·박춘호 | **촬영팀** 유영조·이승언·최승학 | **조명팀** 서병수·김동포

출연 – 김동식 김진규 | **이정심(동식 아내)** 주증녀 | **오명숙(하녀)** 이은심 | **조경희(여공)** 엄앵란 | **사감** 고선애 | **산부인과 보조** 강석제 | **선영 모** 왕숙랑 | **산부인과 의사** 나정옥 | **창순(동식의 아들)** 안성기 | **애순(동식의 딸)** 이유리 | **곽선영(여공)** 옥경희 | **전청연(여공)** 나옥주 | **유종식(동식의 선배)** 최남현 | **운전수** 조석근 | **텔레비전 기사** 남방춘·김운하 | **의사** 김만

상세 크레디트와
더 많은 영화
관련 정보는
QR코드를
참고해 주세요.

KOFA 영화비평총서 3

하녀
하녀 따위에 흥미를 가져요?

2024년 12월 31일   초판 1쇄 발행

지은이 | 금동현
펴낸이 | 노경인 · 김주영

펴낸곳 | 도서출판 앨피   출판등록 | 2004년 11월 23일
주소 | (01545) 경기도 고양시 덕양구 향동로 218(향동동, 현대테라타워DMC) B동 942호
전화 | 02-710-5526   팩스 | 0505-115-0525   블로그 | blog.naver.com/lpbook12
전자우편 | lpbook12@naver.com

ISBN 979-11-92647-58-6